买点

股票投资实战指南

王冬伟 著

中国财富出版社有限公司

图书在版编目（CIP）数据

买点：股票投资实战指南 / 王冬伟著. — 北京：中国财富出版社有限公司，2023.12（2025.5重印）

ISBN 978-7-5047-8070-6

Ⅰ.①买… Ⅱ.①王… Ⅲ.①股票投资—指南 Ⅳ.①F830.91-62

中国国家版本馆CIP数据核字（2024）第025379号

策划编辑	郑晓雯	责任编辑	杜 亮	版权编辑	李 洋
责任印制	梁 凡	责任校对	卓闪闪	责任发行	董 倩

出版发行	中国财富出版社有限公司		
社　　址	北京市丰台区南四环西路188号5区20楼	邮政编码	100070
电　　话	010-52227588 转 2098（发行部）	010-52227588 转 321（总编室）	
	010-52227566（24小时读者服务）	010-52227588 转 305（质检部）	
网　　址	http：//www.cfpress.com.cn	排　版	宝蕾元
经　　销	新华书店	印　刷	北京九州迅驰传媒文化有限公司
书　　号	ISBN 978-7-5047-8070-6 / F·3657		
开　　本	710mm×1000mm　1/16	版　次	2024年6月第1版
印　　张	13	印　次	2025年5月第2次印刷
字　　数	192千字	定　价	59.80元

版权所有·侵权必究·印装差错·负责调换

推荐序 1

在如今的市场上,通过技术分析选股的书已经有很多了。但是到底应该注重哪些指标、怎样选股?很多股民陷入更深的困惑。

从我在美林(现名为美国银行)做投资策略开始,基本面分析和技术分析就是两个主要的流派,在摩根、高盛等投资机构中至今依然如此。事实上,这两个流派并非泾渭分明,而是逐渐走向融合与相互验证。美林连续15年跑赢华尔街所有大鳄的投资策略,就是这两个流派在大周期下不断调整及融合的结果。

本书作者基于其长期交易历程,选择了一些其认为十分关键的技术指标,并进行独特的解读,希望读者能够借鉴这些经验,走出一条独特的长期盈利之路。的确,之前的技术指标大多已经逐步淡出,而操盘手日新月异的策略,也常常成为那些不能及时更新知识的投资者的"死亡"陷阱。

知识需要随着新的炒股技术的产生及时迭代和升级,而股市的现代博弈要求我们理解最新的市场对抗方式。即使在"量化""绝对收益""雪球""FOF"(基金中的基金)等名目繁多的新名词或新标签下,我们也能看到逃不开的回撤与明星投资经理的陨落。

作为投资者,我们唯有不断学习,不断复盘,不断寻找成功股票背后那些细微的信号与轨迹，才能更好地实现"牛熊通吃"。相信本书会在当今扑朔迷离的市场中，以一种全新的视角给予股民朋友新的感悟。

汤镇瑜

前美银美林集团总部高级投资策略师

前中国金融控股集团总裁、CEO

推荐序 2

每当有认识的人知道我从事的工作与证券行业有关,都会让我推荐一只股票,或者问有什么内幕消息。我总是报之以礼貌的微笑,不作回答。人们都知道付出辛劳之后才能有所收获,那么对于高风险的股票投资,为什么总是寄希望于通过一些捷径获利,却不愿意认真钻研股票投资的深层逻辑呢?这是一件很奇怪的事情。

其实这种心态也可以理解,毕竟股票市场云谲波诡,大多数人的视角都是聚焦于某一点,往往有管中窥豹的无力感,同时又缺乏对市场的认识与操作技巧,信息闭塞之下,闭门造车往往面临失败,随之就是患得患失与偏听偏信。

为了提高沟通效率并实现自我成长,我曾经与两位朋友约定一起购买几只股票,在投资中互相分享心得,总结经验教训,后来我们在交流中收获颇丰。正所谓"三人行,必有我师焉",这段经历让我感触颇深。在股市投资过程中,我们除了要对股市有一定的认识与了解,坚持一种投资操作策略,还要不断深入探索,总结经验。

目前社会上有大量与股票投资有关的书籍,各种中外经典的投资理论也不再只被少数人掌握,然而真正懂得股票投资的人依然是少数。一方面是因为这类知识有些深奥,需要建立在较高的数学知识基础上;另一方面是因为理论终归是作者本人最有体会，并非放之四海而皆准，他人很难放弃自己的投资风格而照搬书中的投资策略。

实际上，我们已经不再需要有人站在投资的制高点向我们传授经验，以上帝视角点拨我们。我们需要的是一个更了解市场、更深谙股票涨跌规律的朋友，共同梳理股市发展脉络。

本书作者就是这样一位朋友，他用一个个案例与操作方法抛砖引玉，分享自己对股市的了解以及投资的见地。读者可以将作者的投资理念与自己的进行对比，无论是理解认同还是冲突驳斥，最终都能够有所收获，逐渐悟透牛市熊市的盈利逻辑。

老 吴

某上市公司 CEO

自　　序

A股市场是以散户为主导的市场，聚集着数量庞大的散户，他们的投资决策直接影响市场走势。一方面，这样庞大的群体对中国股市的贡献厥功至伟；另一方面，他们在股市中的收益都是经验与教训换来的。巴菲特每年只赚20%的利润，经过几十年的沉淀，已经把几万美元变成了几百亿美元。多年来，不断有人将巴菲特视为偶像，希望自己能像巴菲特那样实现指数级的收益增长。然而理想很"丰满"，现实很"骨感"。

对于常年用较少（如几万元）本金炒股的散户来说，即便每年收益翻倍又如何？多年下来几万元也很难变成几百万元。大资金追求稳妥是最好的选择。哪怕一年只赚20%，大资金的绝对收益都是相当可观的。

大资金求稳，小资金求快。实际上，就是要想方设法追求稳定的暴利，这也是小资金做大的必由之路。憧憬未来的某个时刻，当我们拥有几百万元、上千万元，甚至更多本金的时候，才能追求稳定盈利。但现在不行，我们不能被某些教条束缚，那些"顺势、轻仓、长线"看似无可挑剔的投资理念，对我们的误导和束缚非常深。

作为一名资深职业投资人，我多年来一直有一个强烈的愿望，就是将那些对炒股成败非常重要但恰恰容易被大家忽视的投资真理与朋友们分享，我希望尽自己的绵薄之力，为更多散户带来力所能及的帮助。

目 录

上篇
擒"牛"秘籍（精准"狙击"牛股起爆点）
▷ 001

第 1 章 精准擒"牛"预备知识	003
1.1 养成每天晚上复盘的好习惯	003
1.1.1 复盘的意义	004
1.1.2 层层细化，逐层复盘	004
1.1.3 对手中持仓股票进行分析	006
1.2 怎样合理界定选股范围？	007
1.2.1 划定选股领域	007
1.2.2 划定领域内龙头企业	008
1.2.3 同板块股票对比分析	009
1.3 认清能力边界，知道自己能赚哪一种钱	010
1.3.1 短线交易，赚股市波动的钱	010
1.3.2 瞄准趋势，赚趋势增长的钱	011
1.3.3 长线投资，赚公司成长的钱	011
1.4 交易中必须学会解放思想	012
1.4.1 打破选"势"的思维	012
1.4.2 打破选"市"的思维	013
1.4.3 打破选"时"的思维	014

第 2 章　关注主力进驻股票　　015

2.1　推动股价上涨的关键要素是什么？　　015
- 2.1.1　资金是推动股价上涨的关键要素　　015
- 2.1.2　资金的性质至关重要　　020
- 2.1.3　与主力站在同一阵营　　021

2.2　准确锁定股票主力"三部曲"　　022
- 2.2.1　通过 K 线图判断股票有没有主力　　022
- 2.2.2　通过 K 线图判断主力的类型　　031
- 2.2.3　通过成交量判断波段主力筹码有多少　　033

2.3　延伸思考：寻找有主力的股票需要思考的问题　　037
- 2.3.1　K 线图与成交量哪个指标更重要？　　037
- 2.3.2　走出亏损需要做出什么改变？　　038

第 3 章　追踪主力建仓动态　　040

3.1　散户能否主动出击选出好股票？　　040
- 3.1.1　被证监会通报的"王府井内幕交易案"　　040
- 3.1.2　主力获取暴利的密码源于信息不对称　　042
- 3.1.3　借助 K 线图打破主力的信息不对称优势　　043
- 3.1.4　根据主力类型实时调整交易策略　　044
- 3.1.5　想赚短线快钱，理解情绪差是关键　　046

3.2　主力各种建仓行为的优劣分析　　046
- 3.2.1　主力进场的两种类型　　046
- 3.2.2　延伸阅读：分析股票走势的 5 个步骤　　048

3.3　建议重点关注小阳潜伏建仓　　048
- 3.3.1　小阳潜伏建仓的优势　　048
- 3.3.2　小阳潜伏建仓的运用基础　　049

3.3.3 小阳潜伏建仓的具体方向　052
3.4 散户如何跟踪小阳潜伏建仓股票？　052
3.4.1 牢记两点选股诀窍　053
3.4.2 散户如何选择进场时机　053
3.4.3 散户离场时机的设定　056
3.5 小阳潜伏建仓的操作要点及延伸思考　058
3.5.1 关于小阳潜伏建仓的操作要点　058
3.5.2 出现卖出信号后必须离场　059

第4章 静候主升浪的到来　060

4.1 必须"死啃"主升浪行情　060
4.1.1 巴菲特都必须遵守的规则——只"吃"主升浪！　060
4.1.2 为什么很多投资者始终走不出"赚小亏大"？　062
4.2 如何捕捉主升浪行情？　063
4.2.1 欲捕捉主升浪行情，必先解放交易思想　063
4.2.2 选股最佳时机就是建仓后的洗盘阶段　064
4.2.3 如何甄别主力是出货还是洗盘？　064
4.3 精心寻找牛股并静候其主升浪　067
4.3.1 优选具有主升浪潜质的牛股　067
4.3.2 如何静候牛股的主升浪？　068
4.3.3 透过具体案例看"建仓、洗盘、拉升"三部曲　069

第5章 "狙击"主升浪启动点　078

5.1 深入了解主力洗盘的目的及其手段　078
5.1.1 主力洗盘的目的　078
5.1.2 洗盘的基本手段　080

5.2 洗盘的结束信号　　　　　　　　　　　　　　　082
　5.2.1 洗盘结束的信号都有哪些？　　　　　　　082
　5.2.2 出现洗盘尾声信号后，能马上进场吗？　086
5.3 买就买在主升浪行情启动点　　　　　　　　088
　5.3.1 为什么要买在主升浪行情启动点？　　　089
　5.3.2 如何识别启动拉升信号？　　　　　　　　090

第6章　乐享机构游资"共舞"　　　　　　　　094

6.1 游资的性质及识别　　　　　　　　　　　　　094
　6.1.1 必须正确认识游资的性质　　　　　　　　095
　6.1.2 让游资无可遁其形的指标——反包　　　096
6.2 如何吃透反包尽享机构游资"共舞"盛宴？　097
　6.2.1 战略上做好大环境、人气分析　　　　　　097
　6.2.2 战术上需要特别注意的操作细节　　　　　098
　6.2.3 参与反包行情的风控措施　　　　　　　　099
　6.2.4 超短线反包行情的案例分析　　　　　　　100
　6.2.5 做短线必须敢于追高　　　　　　　　　　106

下篇
"牛熊通吃"
（探索"牛熊通吃"之道）
▷ **109**

第7章　关注做空动能衰竭迹象　　　　　　　　111

7.1 根据上升与下跌斜率判断多空强弱　　　　　111
　7.1.1 基本思路和多空动能强弱示意图　　　　　112
　7.1.2 判断多空强弱相关案例分析　　　　　　　113
7.2 空方动能衰竭以及新上涨行情的开启　　　　117
　7.2.1 如何判断空方动能走向衰竭？　　　　　　117
　7.2.2 哪种情况预示新一轮行情开始启动？　　　118

7.3 空方衰竭后能否精准"狙击"新行情？	121
7.3.1 精准"狙击"新一轮行情的基本思路	122
7.3.2 启动条件和风控止损办法	123
7.3.3 结合案例谈空方衰竭后怎样"狙击"新行情	125

第8章 识别长期超跌反弹拐点 129

8.1 形成超跌反弹的条件有哪些？	129
8.1.1 股价处于持续稳定下跌状态	130
8.1.2 空方动能逐渐步入衰竭	132
8.1.3 倍量大阳线突破某条"X"均线	133
8.2 遇到超跌反弹情形时应如何操作？	137
8.2.1 超跌反弹买入的四大条件	137
8.2.2 识别危险信号、主动清仓	138
8.2.3 为什么有些股票走不出超跌反弹？	139

第9章 把握底部建仓后起涨点 144

9.1 "狙击"主力底部建仓后起涨点的必要条件	144
9.1.1 引入大周期的均线系统	145
9.1.2 引入筹码概念	146
9.1.3 量能要保持相对稳定	148
9.2 实操指导："狙击"主力底部建仓后起涨点的方法	151
9.2.1 具体案例具体分析	151
9.2.2 买在起涨点前的心理战	155

第10章 盯住上涨调整后的机会 157

10.1 论股票调整后继续上涨的必要条件	157

10.1.1　急涨：上涨表现为强势急涨　158
10.1.2　慢跌：调整期间下跌比较平缓　159
10.1.3　不破底线：跌幅有限，不破重要支撑　160
10.2　兼论调整后继续上涨的充分条件　162
10.2.1　恢复金叉＋股价突破某条"X"均线　162
10.2.2　结合案例分析调整后继续上涨的不同情况　166

第 11 章　玩转控盘趋势股票的未来　169

11.1　根据自身交易风格去选择均线组系统　170
11.1.1　短线投资者：引入一组日线级别的移动平均线组合　170
11.1.2　中线投资者：引入一组周线级别的移动平均线组合　172
11.1.3　长线投资者：引入一组月线级别的移动平均线组合　173
11.2　如何捕捉高控盘趋势股票的波段行情？　174
11.2.1　大周期＋小结构＋共振　175
11.2.2　看趋势做波段的适用范围、启动及止损条件　176

第 12 章　离下一轮牛市还有多远？　183

12.1　做好准备，等待时机　183
12.1.1　先做好未来 3 年过苦日子的准备　184
12.1.2　A 股的疲弱是内忧外患综合因素导致的　185
12.1.3　普通投资者只有耐心等待　186
12.2　有没有可能出现新一轮政策性牛市？　187
12.2.1　解密 A 股历史上的 3 次系统性政策大牛市　187
12.2.2　新一波系统性政策大牛市呼之欲出　188

后　记　190

上篇

擒"牛"秘籍
(精准"狙击"牛股起爆点)

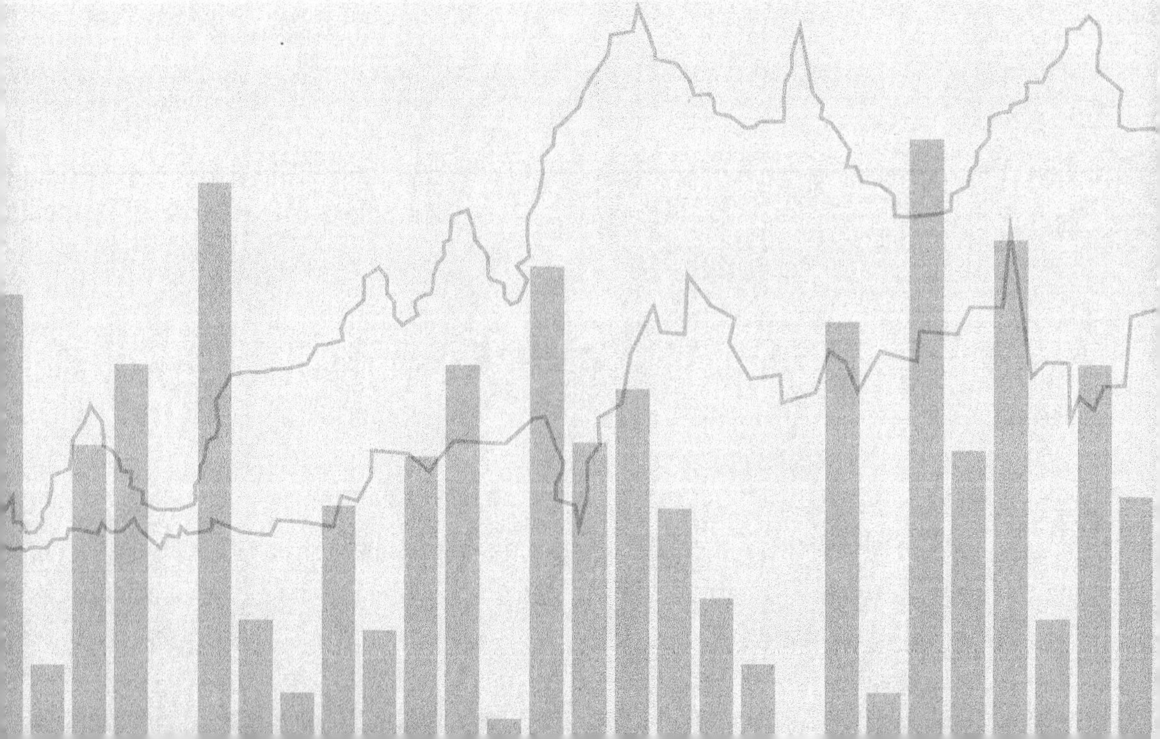

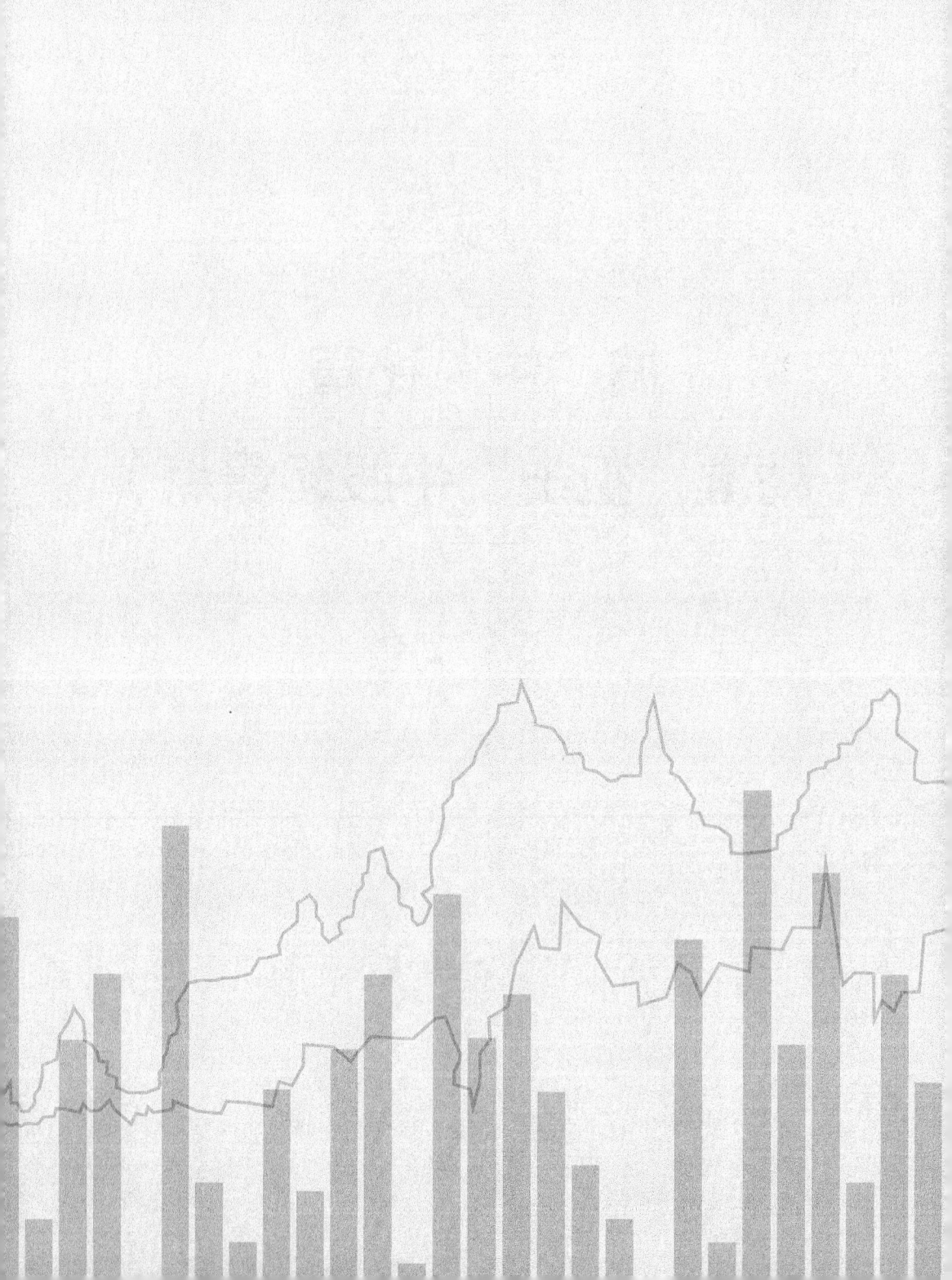

第1章 精准擒"牛"预备知识

无论是对初入股市的人来说,还是对想要深入了解股市运行逻辑的人来说,有一套行之有效的方法论都是最为重要的。在牛市中获得成功是每个股民的愿望,掌握一套简单、易行、实用的方法论,股民更容易精准擒"牛",赢在起涨点,获得丰厚的利润。

当然,方法论的运用是有前提条件的,即有一定的知识储备,主要包括以下三方面:第一,能快速发现有主力进驻的股票,这一点涉及圈定合理的选股范围,所以我们一定要经常关注财经新闻和社会热点事件;第二,能清楚地明白自己要在股市中赚哪一种钱,即确定自己的能力边界在哪里;第三,能在交易中解放思想,畏首畏尾的人更不容易实现自己的财富目标。

1.1 养成每天晚上复盘的好习惯

复盘是一个好习惯。无论是学生时代考试后的复盘,还是工作中每个项目结束后的复盘,都能为我们提供帮助,在股市中同样如此。通过对盘面走势的再梳理,层层细化,逐层复盘,能够保证我们"吃"到最稳妥的"鱼身"行情。

1.1.1 复盘的意义

股市中的复盘通常是指在一天交易结束之后，从静态的角度对整个股市的情况进行审视，包括梳理相关走势、研究市场热点、回顾操作情况等。复盘能够让我们进一步明确股市中哪些股票是新流入的、哪些股票撤出了，以及大盘整体的抛压来自哪里。

在复盘过程中，我们不仅要对各个板块的涨跌情况有全局性认识，还应该清楚其涨跌的背后逻辑。例如，汽车整车板块为什么会在5月、6月连续上涨，而第一季度"光鲜亮丽"的房地产板块为什么重回跌势。这背后的逻辑与宏观大环境息息相关，需要我们持续观察、思考。

想要分析出股市运行的背后逻辑，仅仅在交易结束后复盘是不够的，浏览财经新闻也必不可少。从宏观数据到热门行业动态，乃至龙头上市企业的最新情况，我们要对股市中的所有板块都保持一定的了解，只有这样，在遇到重大焦点信息时，才能够深挖出背后的逻辑。

因此，复盘并不是一件轻松的事情，我们绝不能敷衍对待。笔者做过调查，很多成功的股民每天花在复盘上的时间要比一般股民多得多。在同一只股票建仓，有人能够"吃"到"鱼身"，有人却只能"吃"到"鱼尾"。只有比其他人付出得更多，才有可能跻身成功者的行列，而这也正是复盘的意义所在。

1.1.2 层层细化，逐层复盘

对于炒股来说，买点的选择是最重要的。而选择合适的买点则要借助复盘完成。

在复盘时，我们可以通过股票K线图锁定主力，确定主力类型、实力强弱。在此基础上，再借助成交量判断主力拿到了多少筹码，以及行情拉升之后是否进入出货阶段。

很多人初次接触复盘的概念，只是单纯地对比大盘的涨跌情况，这对于买点的选择并没有实际意义。真正行之有效的复盘应该遵循以下步骤。

1. 复盘关键指数

A股的4大主要指数是：上证指数、深证指数、科创板指数和创业板指数。在复盘4大指数的同时，还要重点分析领涨指数和领跌指数的情况，预测其后市行情。除此之外，成交量也是要关注的指标之一。

2. 复盘两市涨跌幅榜

首先，要重点关注大盘走势，了解主力的进驻情况、撤出情况以及一般散户的参与水平。

其次，要了解当日K线的位置，再结合周K线图和月K线图了解主力的参与水平和用意。

再次，要额外关注涨幅靠前2板和跌幅靠前2板的个股，将个股大致划分为"正在兴起""风头正劲""强弩之末"3类，以此了解整个大盘的基础情况。

最后，将日K线、周K线、月K线呈现情况良好且基础面较好的个股挑选出来，剔除游资"狙击"、控盘严重的庄股，将剩余的个股作为重点关注对象，适时建仓。

3. 复盘行业板块和题材板块

在前两步的基础上，我们已经对股市的盘面和行情走势有了大致的了解，接下来就是脱离盘面，关注最近的财经新闻和相关政策，了解当下的热门行业，做出自己的预测，再结合板块指数和题材指数对盘面的涨跌位置进行分析。

例如，笔者在2022年5月曾预测汽车整车板块的风口来了，因为笔者在分析汽车整车板块成交量的基础上判断出有新的主力进驻，结合当时我国新能源汽车政策向好，因此笔者大胆预测长安汽车将迎来一波涨幅较大的行情，最终的结果也验证了笔者的预测。

当然，除了以上3个步骤，我们也要有所关注意向股票的回购情况、B股情况、国债情况以及外汇市场变动情况，因为资本市场是全球联动的，并不是割裂的，我们不仅要知其一，更要知其二。

按照以上步骤重复训练一段时间后，我们就可以加快复盘的速度，不必查看所有个股，只要重点关注涨跌前后、权重股、自选股等就足够了。最重要的是，作为散户，我们要学会顺势而为，顺应市场，跟随主力，这样能降低亏损的概率。

1.1.3　对手中持仓股票进行分析

在复盘过程中，我们看到自己持有的股票涨了自然高兴，跌了也难免情绪低落，这些都属于炒股时的正常情绪变化。但随着复盘次数的增多，这些不必要的情绪应当逐渐消失，一个成熟的投资者必须保持稳定的心态来面对股市中的大风大浪。

我们对持仓的股票进行复盘的目的是查看股票的走势是否符合自己的预期，同时也是在检验自己的选股方式是否正确。如果我们选择一只股票建仓后却发现没过多久这只股票就出乎意料地开始下跌，那么就说明我们的选股方式有可能是错误的。我们要进一步复盘自己的选股方式，及时改进。

买点是我们自己定的，制定的标准也是我们自己总结的，在股市中没有现成的模板可抄，所以我们在复盘自己持仓的股票行情时，必须慎之又慎。对于已经呈现买点的个股来说，我们要做一个投资规划，如在什么情况下可以跟进、该跟进多少、如何正确设置止损位等。

1.2 怎样合理界定选股范围？

选股是运用一系列分析方法，从庞大的股票市场中选到最佳投资标的的过程。选股不可以盲目，而是要有章法地进行。通过划定选股领域、划定领域内的龙头企业、将同板块股票进行对比分析，能够合理界定选股范围，最终选到符合自己需求的股票。

1.2.1 划定选股领域

很多人选股首选自己熟悉的领域内的股票，这种做法虽然稳妥，但也有很大的局限性。在划定选股领域时，无论是自己熟悉的还是不熟悉的，我们都要尝试去了解、选择，有时候机遇就藏在其中。

选股自然要优先选择当下的热门领域，那么我们应该如何找到当下的热门领域呢？

第一，要找到有潜力及能够成为市场热点的领域。在这个过程中，我们要重点关注相关的财经新闻和政策，因为这是股市变动的信号。同时，还要注意行业领头羊在市场上的动作，因为领头羊的一举一动会影响整个领域。除此之外，我们也要注意热点领域的持续时间，如果持续时间只有两三天，那么这个领域也不值得我们继续关注了。

第二，要掌握领域联动的信号。领域联动往往有两种明显信号，一种是同一领域内企业的业绩出现齐涨或者齐跌的情况，如钢铁行业。当然，在宏观经济条件较好的情况下，同一领域内各企业股票的上涨幅度可能不尽相同。另一种则是当一个领域成为热点时，该领域内股票的成交量会出现异动，市场主力为了加速热点形成，会斥巨资托举重点个股，带动该领域股票整体上扬，吸引散户建仓。

1.2.2 划定领域内龙头企业

在明确选股领域之后，就要进一步缩小选股范围。对于普通散户来说，选择领域内的龙头企业一般不会出错，这是最简单也是最有效的一种选股方法。因为在存量经济时代，各行各业的资源都会优先向头部聚集，龙头企业在品牌优势、市场渠道、资金稳定性等方面都存在碾压性的优势。

该如何筛选领域内的龙头企业呢？网络上的炒股"大V"经常会发布各种龙头企业股票的消息，很多人认为只要跟着他们出手就绝不会出错。实际上，这种将自己的选择权交由他人的做法非常荒谬，盲目听信网络言论的结果通常是赔了夫人又折兵。

正确的做法是查看目标企业的公开财务报表，进而分析目标企业的资金流动情况和债权债务情况。对于普通股民来说，最简单的方法就是对比企业市值，企业市值是最能直观衡量资本市场对企业态度的指标。可以直接淘汰市值100亿元以下的企业，因为这些企业在存量经济时代的竞争压力和难度都非常大。而且这些企业的股票往往缺乏流动性，公募基金、私募基金等主力基本不会进驻。市值越小的企业越容易被游资和小型私募基金控盘。对于散户来说，在这种盘中交易的风险太大。对于市值100亿～500亿元的企业，我们可以进一步综合分析，不过还是主要看市值500亿元以上的企业。

因为市值越高的企业，保障性也就越好。

选择龙头企业的主要目的是选龙头股，要注意以下几点。

第一，关注股票是否涨停。涨停是龙头股的标志之一。通常情况下，在上午涨停越早的股票越有可能是龙头股，而在尾盘涨停的股票多半是被动涨停，更依赖大盘走势。

第二，关注第二天开盘走势。一般情况下，第二天的开盘走势有两种情况：一种是高开高走，在极短时间内就涨停，但是这类股票的主力往往不会给散户"上车"的机会；另一种情况则是高开低走，不补缺口，这种大部分是洗盘，将跟风的散户洗出去，这类股票多为后期趋势性上涨的股票，走势较为稳健。

第三，龙头股走势往往与大盘不同步。例如，在大盘小涨时，龙头股可能大涨；在大盘大跌时，它可能小跌。这也证明主力的参与力度很强。

1.2.3 同板块股票对比分析

很多时候股民面对同板块中的几只股票会无从下手，这时候就要将其做细致的对比分析，找到上涨势头明显的股票进行操作，这样能使自己在短期内获得比较可观的收益。此外，在股票上涨和调整期间我们一旦发现走弱信号，就要及时将所持股票卖出。

那么怎么才能及时发现走弱信号，避免亏损呢？除了常规对比K线形态，我们还可以关注一个指标：先于同板块个股下跌。

例如，A股票正处于一轮持续震荡上涨中，每次突破上涨时，成交量就会放大。但当股价上涨到顶部时，量价严重背离，开启了一波震荡下跌走势。而同期的同板块B股票在经历了前期阳线冲高回落之后，也开启了震荡下跌走势，但它并没有跌破前期的低点，在成交量温和放大后又开始小幅上涨。在突破前期高点时，成交量又一次异常放大，后面随着大阴线不断出现，B股票股价呈现快速下跌走势。

A股票与B股票相比，在A股票股价处于顶部以及下跌初期时，其弱势特征表现为持续创造新低点，没有新高，处于完全下跌区间。而同期的B股票则保持低点不破，呈震荡整理走势。因此，A股票的下跌走弱特征明显。

再进一步将二者同期K线图进行对比分析，像A股票这样先于同期同板块股票形成顶部特征及下跌走弱特征的股票，我们要及时卖出；而对于像 B 股票这样的个股来说，我们可以选择暂时持股观望，但是如果 B 股票先于 A 股票出现进一步下跌时，我们就应当及时卖出，不再继续持股。

1.3　认清能力边界，知道自己能赚哪一种钱

"做自己能力范围以内的事，赚自己认知范围以内的钱。"很多股民在炒股初期都梦想一夜暴富，却总是亏得血本无归。在日后的摸爬滚打中，许多人也逐渐认清了自己的能力边界，知道自己能够赚哪一种钱。

1.3.1　短线交易，赚股市波动的钱

股市每天都发生或大或小的波动。散户借势大波动获得收益，需要深厚的知识和经验积累，但很多散户没有这样的积累，因此很多人就在想，如果能够将小的波动积累起来，相信也能获得不菲的收益。因此，做短线交易、赚股市波动的钱成了很多散户的做法。

做短线交易需要轻仓，如果股价上涨，就可以直接卖出获利，再继续转投其他股票。而如果股价下跌，也无须紧张，因为轻仓即使有损失也相对较少。如果有充足资金还可以继续补仓，这样一旦股价反弹就能够做到高抛低吸。

在股市大行情箱体震荡的情况下，短线交易能不断获利，但它的局限性也源于此，因为短线交易不能抓住大牛市的行情，每次获利很少，完全以量取胜。而且如果遇到极端的下跌行情，补仓很可能补进了无底洞，最终满仓被套，得不偿失。总的来说，短线交易收益有限，风险较高，适合股民轻仓操作。

1.3.2 瞄准趋势，赚趋势增长的钱

股市交易要顺势而为，跟随主力，紧抓大盘势头，这是很多股民总结出的经验教训。但趋势也分为上涨和下跌两种情况，我们应该如何瞄准上涨趋势，赚趋势增长的钱呢？实际上这个问题并没有标准答案，趋势的形成和结束都是随机的。因此，赚趋势增长的钱是感性的交易方式，非常依赖我们对股市的感知度。

由于没有精准的数据为我们的决策提供支撑，我们必须做趋势追踪，以防在股市中出现重大损失。与赚股市波动的钱不同，趋势增长带来的收益很高，但是它的胜率很低，这就要求股民的判断正确率高，要坚持持股，不要轻易卖出。这也是最考验股民心态的一种炒股方式。

总而言之，选择赚趋势增长的钱这一方式适用有丰富炒股经验的股民。股民要具备坚韧的定力，一旦看好未来上涨趋势，就不要轻易改变决策。

1.3.3 长线投资，赚公司成长的钱

"买股票就是买公司。"很多股民都奉行这一价值理念去炒股，可以说，不管用于投资的资金是多是少，对于大部分散户来说，长线投资是最稳妥和合适的方法。

长线投资看似简单，但想要从中真正获利很难，需要我们克服自身的弱点，用长线思维去面对股市中的各种波动。

选择了长线投资的股民需要不断提升自己的能力，专注于自己了解、熟知的领域和企业，因为只有自己了解企业的业务逻辑，才能够判断其究竟有没有投资的价值。如果没有对企业估值的能力，我们就不知道这家企业的股价究竟是被高估还是被低估，也就无法做出正确的交易决策。因此，做长线投资，赚

企业成长的钱,是一项长期的专业工程,这背后包括对企业运营情况的分析、对企业管理机制的了解等,绝不是关注公开的财务报表就能做出正确的决策。

1.4 交易中必须学会解放思想

在股市中炒股赚的是"活钱",即流动的资金。这就要求我们必须用灵活的思维做决策。如果总是用定性思维和固定的模式炒股,我们就会受到思维的束缚,陷入投资僵局。因此,在股市交易中我们必须打破定性思维,学会解放思想。

1.4.1 打破选"势"的思维

在股市指数强劲上升、股价一路上涨时,很多人都认为股市后期上涨空间巨大,大牛市要来了。同时,他们还会推荐各种所谓黑马股,吸引散户建仓。而当股价下跌时,一些人会认为熊市马上就要来了,股市即将崩盘,于是将手中能抛的股票尽数抛售。在这些人的带动下,一批散户也"割肉"止损。

这些情况反映出很多人在对股市行情走势进行研判分析时,都陷入了思维定式:股市刚一大涨便觉得突破性行情即将到来,股市刚一暴跌就觉得熊市要来了。2022年5月13日,一些股指刚一暴跌,某证券网站上的股评显示绝大部分人认为股市下跌震荡期即将开始。但在随后两天股指暴涨后,绝大多数人又开始看好股市,看多与看空的比例达16∶1。然而戏剧性的是,在一片看多中,股指停止了上涨,转而下跌。这就是所谓思维定式,人们习惯用已经呈现的走势去推测未来的走势。

如果想在股市中获得收益,我们必须打破"势"的思维,即在面对行情走势时，必须兼顾利害两方面，在有利的情况下要看到不利的方面，在不利的情况下要看到有利的方面。在股市上涨时，我们要有风险意识，避免股市行情调整带来的损失；而在股市下跌时，我们要了解做空的力量，洞察下跌的本质，挖掘上涨的潜力。股市中日常的涨跌属于正常波动，不必过于惊慌，当面对非正常的涨跌行情时，我们也要及时抓住机会买入或卖出。

1.4.2 打破选"市"的思维

很多人认为选"市"就是在投资市场中选择股票、基金、债券和期货等不同投资形式，当自己选择了股市，投资方向就确定了。实际上，这种想法存在误区。和实业投资一样，在证券市场中投资也是为了获得收益。当看好股市形势时，我们应该积极参与；而当股市震荡，形势不明时，我们也可以退出股市重新选择投资的方向。

例如，在股市下跌之际，那些及时退出股市、将资金转移到债券、黄金等其他投资渠道的投资者不仅能够及时止损，还可能会在新的市场获得收益；在市场疲软阶段，往往会出台一些利好政策，投资者也可以关注政策方向，顺势而为。这些都是打破选"市"思维所带来的好处。

前几年选择在一级市场中申购新股的股民所获得的收益超过二级市场中股民的收益。而那些在二级市场中"厮杀"的股民，不仅付出了巨大心血，还承担着巨大的风险，收益反而不如一级市场中的股民。因此，在瞄准二级市场的同时，我们还可以关注新股申购、股权众筹等进入一级市场的途径，寻求进入一级市场的可能性。

2002年，很多股民参与了股市增发申购，获得了远超新股配售的利润。而到了2022年，增发申购的交易方式已经被绝大多数股民所熟知并掌握，因此这种高利润的交易方式便失效了。综上所述，选"市"是非常重要的，我们一定要打开自己的思路，灵活、机动地应对市场变化。

1.4.3 打破选"时"的思维

股票在一定的市场周期中都会发生涨跌变化，股票的收益与是否在涨跌变化过程中的最佳时间点买入有很大关系，因此我们一定要会选"时"。

散户的资金实力较弱，不具备像主力一样与市场抗衡的能力，所以散户在选择入场时机时一定要学会利用反向思维。当股市中充满利好消息或大多数股民都看多时，散户一定要及时卖出；而在股市下跌、大多数股民处于亏损状态时，散户要理性分析，在他人"割肉"抛出时买入超低价个股，静待超跌反弹。

所谓超跌反弹，是指由于股价过度下跌引起的短线上涨行情。那么该如何判断股价迅速下跌是否会出现超跌反弹的情况呢？

首先，超跌股的跌幅要在短时间达到20%以上，跌幅越大，抢驻的资金越多，越有利于后期的反弹。我们可以通过观察RSI（相对强弱指标）来判断这只股票是否进入超跌区，日RSI跌破20则为短线超跌，周RSI跌破20则为中线超跌。

其次，要确定超跌属于正常的市场波动，大盘能够迅速回暖，如果是极端超跌情况一定不要买入。

最后，要分析跌破新低是否形成了套牢区，近一周有没有出现过反弹趋势，如果有的话，最好不要立即买入。例如，某股票近两周下跌无量，上档没有出现套牢区，这样就能为后续的反弹提供充足的空间。

需要注意的是，当超跌股收益达到5%~30%时，股价上涨趋势会逐渐放缓，此时可以考虑卖出股票。当股票的成交量在猛增之后又萎缩，日K线中出现中阴线，就要注意股价可能马上到达顶点，要考虑是否卖出。

第 2 章　关注主力进驻股票

很多人进入股市的第一步都是被动分析现有的股票,主要是围绕如何快速、准确地锁定主力资金这一问题进行分析。其中包括通过K线图寻找主力并判断主力的类型,以及借助成交量判断主力拿到了多少筹码。因为主力是持股较多的大户,能够在短期内影响股价的波动,所以通过关注主力进驻的股票,散户能在第一时间察觉到股市中自己所买股票的变化趋势。这样无论股价上涨还是下跌,散户都能有所预料。

2.1　推动股价上涨的关键要素是什么?

股价上涨实际上是供求关系不平衡的体现。买的人多,卖的人少,大家竞相抬价,那么股票的价格就会上涨。而在这个过程中,资金是推动股价上涨的核心因素。股票价格的抬升需要依靠交易实现。

2.1.1　资金是推动股价上涨的关键要素

A股已经步入结构性行情时代,即只有部分股票板块保持上涨态势。但是即使是在熊市行情中，也有涨势不错的股票，关键是如何在茫茫股市中找到这些好股票。

散户在时间、精力、资金规模、专业知识以及投资经验等方面，都与机构投资者存在巨大差距，因此，散户必须建立一套简单、有效、可行的选股方法。

散户首先要明确推动股价上涨的关键因素是什么。

有人认为是业绩。股价上涨和业绩有关系，但那是站在长期价值投资角度来看的，就中短线行情而言，业绩好的股票涨势未必理想，"大红大紫"的反而是那些亏损股。由此可见，业绩并不是推动股价上涨的关键因素，尤其是在中短线投资中。

也有人认为政策是推动股价上涨的关键因素。但是现在A股结构性行情已成常态，政策利好效应已经不明显了。例如，一个利好汽车板块的政策出台，但汽车板块中各股票的涨幅情况并不一样，有的股票涨幅很大，有的股票涨幅很小，有的甚至没有上涨。由此可见，政策也不是推动股价上涨的关键因素。

此外，还有人认为炒股要每时每刻关注政策变化，这更不切实际。散户没有旺盛的精力和超强的敏锐性，而且大多数散户专业程度不高、心理素质比较差，无法承受政策变化造成的股价下跌。

通常情况下，政策性消息无论在盘前、盘中，还是盘后公布，主力与散户基本上是同步获取消息的。股价要么急涨要么急跌，主力没有时间建仓，因此主力不会参与波段。波段基本属于游资主力的涉猎范围，而游资进场离场都非常迅速，即使发生失误也能够当机立断及时止损，普通散户没有游资主力这般断腕自保的魄力。

其实，推动股价上涨的关键因素是资金。具有资金支持的股票，其股价可以在股市的涨跌行情中保持相对稳定，而有大资金进驻的股票在股票市场中的涨跌幅度也不会过分受到大趋势的干扰。

当然，股票下跌也同样靠资金打压。在这个过程中，主力首先要将手中的资金换成股票筹码，然后大量抛售使股价下滑。很多股票价格突然大跌的原因正是如此，利用资金打压实际上就是打"心理战"，谁意志不坚定，谁就会出局。

总而言之，能够推动股价上涨的一定是主力的资金，而非散户的资金。因此，选股的核心就是选主力。从本质上讲，资本市场就是资金堆积的市场，研究主力资金，跟随主力资金，才是选股的核心。

下面用3种业绩和资金情况各不相同的案例，对资金是股价上涨的关键因素这一命题进行验证。

案例1：业绩好+资金多

贵州茅台（600519）号称"股王"，自2016年走出负面传闻阴影，股价从300元下方起步，4年上涨近10倍，市值一度突破3万亿元，如图2-1所示。

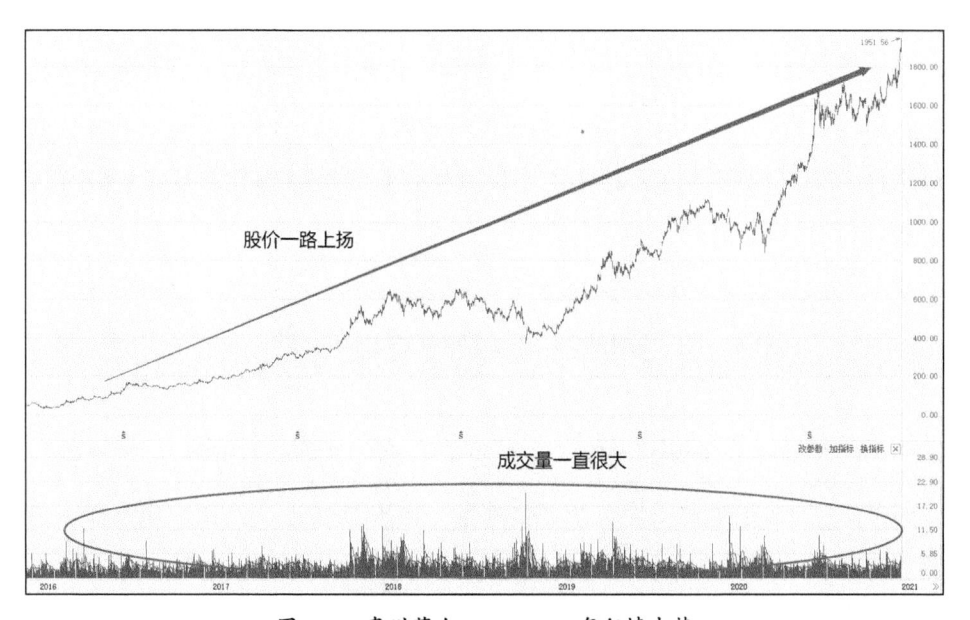

图2-1 贵州茅台2016—2020年行情走势

贵州茅台股价的一路上涨与其超强的经营能力和取得的经营业绩密不可分。贵州茅台2016—2021年净利润及盈利能力统计如表2-1所示。

表2-1　　贵州茅台2016—2021年净利润及盈利能力统计

指标	2016年	2017年	2018年	2019年	2020年	2021年
净利润（亿元）	167.18	270.79	352.04	412.06	466.97	524.6
净利润增长率	7.84%	61.97%	30%	17.05%	13.33%	12.34%
销售净利率	46.14%	49.82%	51.37%	51.47%	52.18%	52.47%
销售毛利率	91.23%	89.8%	91.14%	91.3%	91.41%	91.54%
净资产收益率	24.44%	32.95%	34.46%	33.09%	31.41%	29.9%

数据来源：同花顺软件

由表2-1可以看出，贵州茅台每年的净利润都在稳定增长，2021年创下了524.6亿元的净利润新高。在盈利能力方面，2016—2021年，贵州茅台每年的销售毛利率始终在80%以上，销售净利率则在50%左右，净资产收益率在30%左右。

贵州茅台的业绩如此之好，对股价具有很强的支持作用。企业的业绩越好，就越被资本市场看好，企业的市值也越高。但是，业绩只是影响股价的一方面，如果没有主力资金进驻，即使企业业绩再好也难以实现股价一路上涨。

案例2：业绩好+资金少

中国工商银行（以下简称工商银行）号称"宇宙第一大行"。工商银行（601398）的业绩虽然不像贵州茅台那般一路高歌猛进，但在一众企业中也比较亮眼。2020年，工商银行的营业收入突破8000亿元，净利润突破3100亿元。

但是由于缺少主力资金进驻，最近几年工商银行的股价比较低迷，市盈率仅有5倍左右，如图2-2所示。

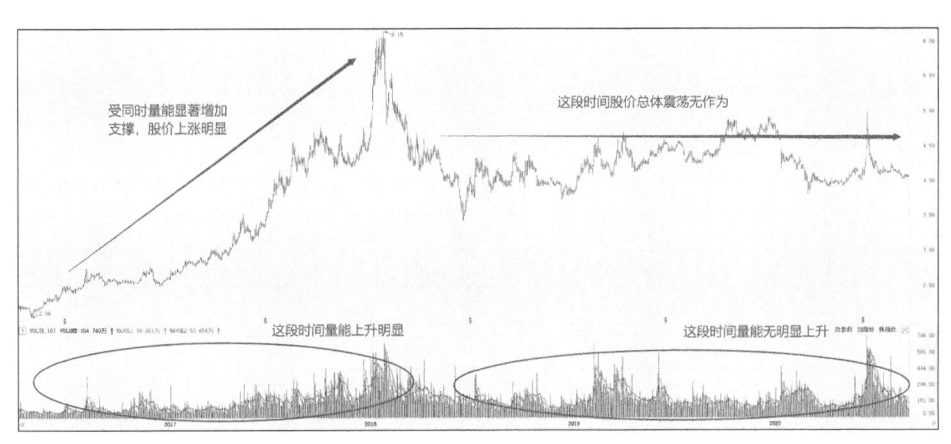

图2-2 工商银行2016—2020年股价走势

案例3：业绩差+资金多

ST天山（300313，现为*ST天山）的业绩无法与贵州茅台和工商银行比拟，净利润经常为负，盈利能力也远低于贵州茅台和工商银行，如表2-2所示。

表2-2 ST天山2016—2021年净利润及盈利能力统计

指标	2016年	2017年	2018年	2019年	2020年	2021年
净利润（亿元）	-1.4	0.0744.43	-19.46	-0.60791	0.0421.19	-0.273026
增长率	-291.56%	105.33%	-26237.26%	96.88%	106.93%	-748.22%
销售净利率	-48.88%	3.28%	-1849.81%	-26.22%	1.54%	-28.15%
销售毛利率	-1.14%	41.05%	25.33%	11.84%	15.77%	7.09%
净资产收益率	-35.15%	2.05%	-332.85%	-34.07%	2.77%	-21.08%

虽然ST天山业绩稍有不足，资本市场却对其非常看好。由于有机构资金进驻，ST天山的股价在2020年9月快速上涨了5倍左右，由此可见资金因素对短线股价的影响之显著，如图2-3所示。

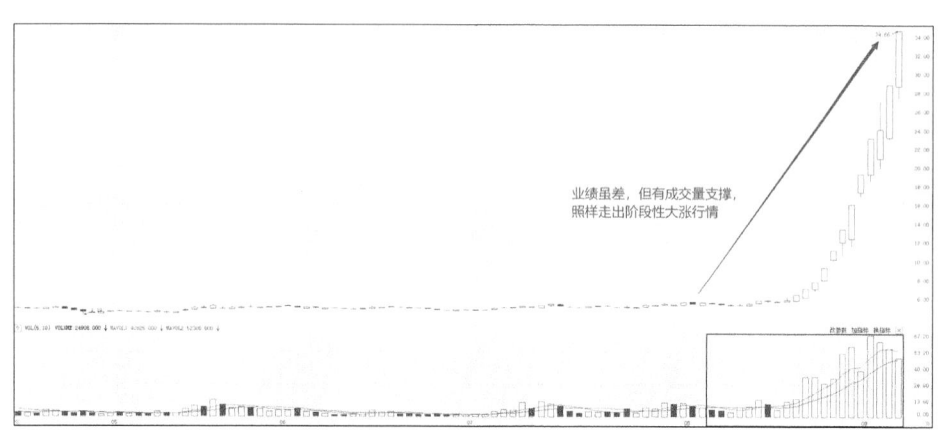

图2-3　ST天山2020年5—9月股价行情走势

2.1.2　资金的性质至关重要

一般情况下，资金分为主导资金和跟风资金两类。主导资金的来源是机构投资者，属于主力资金；跟风资金的来源是散户，属于跟风资金。

在股市中，散户几乎是单打独斗，大部分时间都只能跟在机构投资者或主力投资者身后，所以想依靠散户资金拉升股价，无异于缘木求鱼。而主力资金则不同，它具有资金集中、思想统一、交易连续等优势，对拉升股价可以起到"四两拨千斤"的作用。

主力与散户的盘面区别如表2-3所示。

表2-3　　　　　　　　主力与散户的盘面区别

行情细节	散户行为	主力行为
明确方向	没有	有

续表

行情细节	散户行为	主力行为
K线大小	小	大
震荡区间	小	大
持续性	弱	强
影线长短	短	长
影线多少	多	少

由表2-3可以看出，在股票市场中，主力资金有明确的投资方向，而散户有较强的投资随机性。通过对二者的盘面进行分析，主力所选择股票的K线更大，震荡区间也更大，持续性更强，影线更长、更多；而散户则恰好相反。这也反证了主力资金选择优质股票的能力更强。

2.1.3 与主力站在同一阵营

散户如果想在股市中有所收获，就要站好队伍，与主力站在同一阵营。这是挑选牛股的核心，炒股不能走群众路线，与散户站在一起，只会离成功越来越远。

主力主要分为以下几类：第一类是以公募基金为代表的大机构，主要选择大盘股和稳定的蓝筹股；第二类是以私募基金为代表的中小机构，主要选择成长性强的赛道股票；第三类是股票的庄家，常说的庄股就是他们的"杰作"；第四类是游资，这类资金快速穿梭于各个热门领域股票中，买入、卖出都非常迅速，即使失误也绝不过多停留，经常造成股价短线的大幅波动。

散户一定要躲开庄股，否则一不小心就会血本无归。而从稳健性角度出发，散户跟随公募基金参与大盘股最为稳妥。但大盘股的战线太长，大部分散户没有耐心。如果跟着游资做超短线热门领域投资，看似有机会赚快钱，但高收益往往伴随着高风险。游资不仅动作快，而且执行力超强，面对损失能够做到断腕自保，但散户几乎不可能做到这一点，很大概率被套牢。

对于炒股本金少又盼望快速实现原始积累的散户来说，原则上只能跟着私募机构投资成长赛道股，因为成长类股票发展空间大，股价弹性足。但私募的操作风格介于公募基金与游资之间，比公募基金激进，但又比游资保守。私募追求的是成长股的波段行情，在完成建仓任务后，通常会进行若干次震荡洗盘。而在洗盘之后的拉升阶段，为了提升行情活跃度，私募通常会考虑与游资携手拉升股价。因此，可以将私募看成做波段的主力，游资则是短线主力。

散户一定要先明确自己到底想赚什么钱，再确定与哪类主力站在同一个阵营。

2.2　准确锁定股票主力"三部曲"

一只股票有没有主力，主力的类型以及主力的筹码是什么，是散户最应该关心的问题。只要将这几个问题了解清楚，散户就能够准确锁定股票主力，将股票的涨跌趋势了解得"八九不离十"。

2.2.1　通过K线图判断股票有没有主力

K线图是能够反映当天股价走势的数据图，K线图中包括开盘价、最高价、最低价与收盘价4个关键数据。将每日的K线图进行叠加，就能得到周K

线图、月K线图、年K线图。

不是所有股票都有主力，散户可以通过分析K线图来判断一只股票有没有主力。只要有主力进场，就一定会在K线图中留下痕迹。

主力进场意味着要吸筹，而这必然会反映在股价的变化上。K线图是反映股价变化最直观的工具。因此，仔细观察K线形态，散户就可以迅速发现主力进场动向。

通常来说，主力进场在K线上会表现为下列5种形态：大阳线、大阳线涨停板、连续大阳线、连续大阳线涨停板、连续性上涨大阳线。

1. 大阳线、大阳线涨停板、连续大阳线和连续大阳线涨停板

阳线在K线图中的颜色是红色，代表收盘价高于开盘价。大阳线的波动范围在3.6%以上。当K线图中有大阳线和大阳线涨停板时，大概率有主力进驻。当连续大阳线，甚至连续大阳线涨停板出现后，主力进场的概率就非常大了，这时散户进场比较稳妥。

然而，很多散户看到"三连阳"，就产生一种"恐高"心理，害怕自己追高被套。这样的思维是有问题的，就好比吃鱼，鱼的哪个部位最好吃呢？当然是鱼身，而不是前面的鱼头和后面的鱼尾。

还有一些散户喜欢自作聪明地提前潜伏，这除了白白浪费时间和精力，什么也得不到。明智的做法是当主力进场后，去享受"鱼身"的行情。做交易一定要清楚自己的能力圈边界，赚取能力范围之内的钱，而不是奢望买在最低点、卖在最高点。

2. 连续性上涨大阳线

主力较为高调的进场建仓方式如图2-4所示。

主力高调进场通常会以连续性上涨大阳线建仓，并展开一波快速拉升行情。对散户来说，这种情况可遇不可求。从图2-4中我们可以看出，主力是典型的连续大阳线建仓。股价涨势十分迅猛，绝非普通散户所为。因为散户不可能有引领股价上涨的实力，只有资金集中、思想统一的主力才能做到。

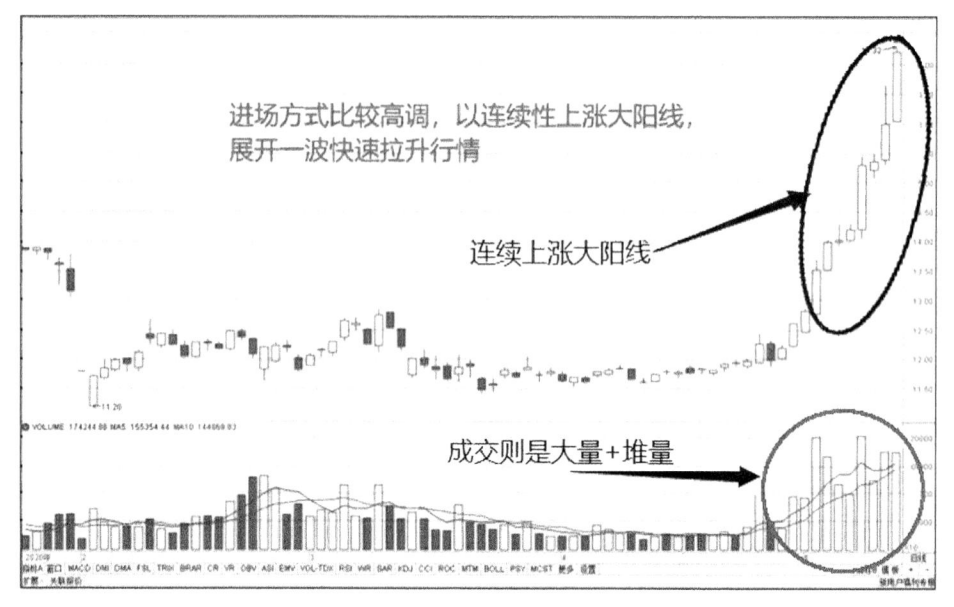

图 2-4　主力高调进场的表现形式

而且成交量呈现大量、堆量的特点，这说明主力吸收了足够的筹码，预计接下来拉升行情的动力充足。

很多投资者认为仅凭K线图不可能发现主力进场的踪迹，但事实并非如此，如图2-5所示。

第一，分析图中A段下跌趋势。A段的下跌角度陡峭，跌势很猛，没有出现有效的强反弹，即面对很强的下跌行情，几乎没有较为有效的反抗措施。如果存在反抗情况，反抗力量一般是主力，因为散户的反抗显然是无效反抗。因此，我们要研究主力的反抗。

主力反抗分为两种情况：一种是新主力反抗，另一种是老主力反抗。

新主力反抗的目的主要是进场建仓。新主力原来不在这只股票里，但现在看上这只股票了，所以要进场建仓。新主力一旦建仓，就会导致股价出现反弹。而A段现在没有反抗，说明没有新主力进场建仓。

所谓老主力，是在前面下跌过程中还没有卖出股票的主力。老主力为了防止自己继续亏损，不得不出来护盘或者自救。但在A段下跌中，明显没有

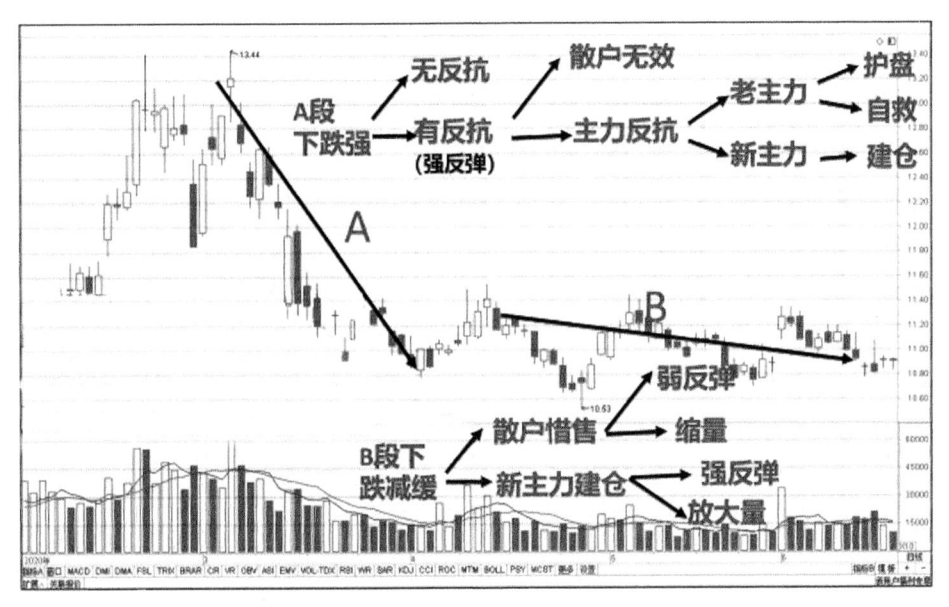

图2-5　如何根据K线图判断主力动向

护盘或自救的情况发生。这种情况说明老主力之前已经全盘撤出，或者老主力已经彻底没有资金了。那么哪一种可能性更大呢？通常情况下，应该是老主力已经全盘撤出的可能性更大。既然老主力已经全盘撤出，后续的股票行情就和老主力没有关系了。因此，在分析股票行情时，没有必要分析太久之前的行情，分析前面一年或半年的就足够了，否则只是费力不讨好，浪费自己的时间，也容易造成误判。

第二，分析图中B段下跌趋势。与A段相比，B段下跌的趋势明显减缓。究其原因，主要是由于散户惜售。在经过A段下跌后，很多散户被套，不愿意卖出股票，因为一旦卖出就没有上涨的余地，所以B段行情跌势减缓。还有一个原因是有新主力看上了这只股票，想要进场建仓，B段行情因此好转。

要想判断B段下跌趋势放缓究竟是哪种原因造成的，或者说以上两种情况在盘面中是否会有区别，就要知道这两种走势的不同之处。虽然我们不可能知道主力的具体操作计划，但如果我们是拥有几十亿元资金的主力，当我们看好一只股票时，有主动性建仓和被动性建仓两种选择。主动性建仓是花高价收购散户手中的筹码；被动性建仓则是在一个价位上挂很大的买盘，等着散户卖，散户卖多少我们就买多少。

在实际操作过程中，新主力一般会选择主动性建仓。因为被动性建仓买不了多少筹码，当散户看到在某个价位上行情停止下跌，他们就不会再卖出股票。而且对于新主力来说，选择被动性建仓的方式要花费的时间成本较高，例如，主力账户中有几十亿元资金，但一天只能收购1000万元或2000万元的筹码，时间成本过于高昂。因此，主动建仓才是新主力入场的最佳方式。当然，被动性建仓并非不可取，但需要相关条件的配合，例如，当出现大盘大跌或某只股票出现大的利空时，新主力就可以选择被动性建仓。

而从图2-5 B段的缩量成交以及弱反弹的情况看，B段没有主力建仓，下跌趋势放缓不过是散户惜售的结果。既然没有新主力入场，那么从理论上讲，这只股票就不值得继续关注了。炒股必须从资金的角度客观地思考，深入了解股票走势背后的逻辑。

但是，这只股票在B段之后又出现了新的变化，连续的大阳线表示有新主力进场，如图2-6所示。

在B段后的C段，我们能够明显看到连续的大阳线出现，这意味着这只股票出现了新的转机。很多散户会后悔自己为什么没有在B段"逢低进场"，但实际上，B段和C段行情的性质不一样，也不是同一个主力做的。显然C段主力更强，一出手就打破了很长一段时间的震荡走势，放出很大的成交量。很明显，C段进来的是大资金。当然，我们只能通过K线图和成交量来判断市场的资金走向和主力意图。在第一根大阳线后，散户可以选择进场，也可以选择继续观望一段时间。

很多人认为主力能够扭转一只股票的行情，但是在明显的下跌趋势中，即使是主力也不敢轻举妄动。以汽车板块为例，在2022年前4个月的下跌过

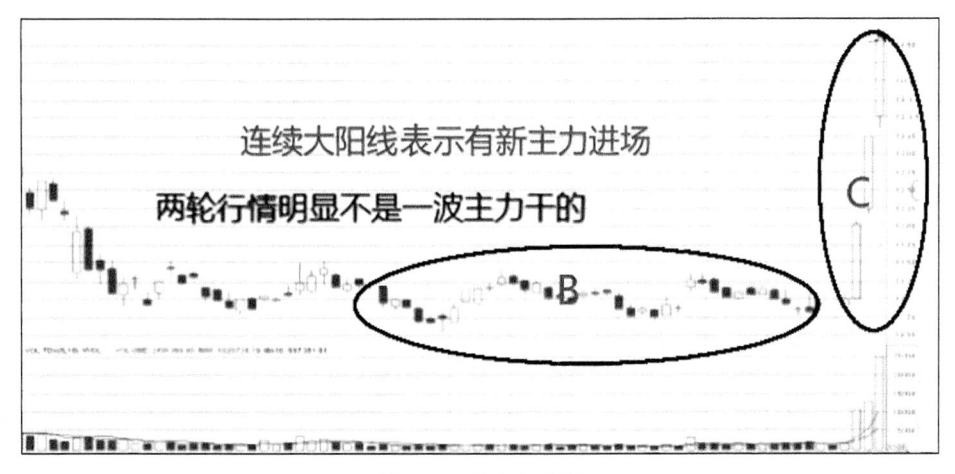

图 2-6　新主力进场

程中，没有任何主力提前建仓，持续萎缩的成交量也说明主力在面对趋势性下跌时不敢轻举妄动，如图 2-7 所示。

图 2-7　汽车整车板块日 K 线走势

自 2022 年 1 月 4 日出现一根小阳线之后，汽车整车板块在之后将近 4 个月里一路下跌，几乎呈一条直线持续萎缩。从 5 月中旬开始，我们可以看到主力进场的明显信号。需要注意的是，主力虽然影响力强大，但绝不是拍脑袋做决策，他们会参考大环境做出最合适的选择。

2022年3月，汽车整车板块出现了一定反弹，但反弹的力度实在是太弱了，由图2-7可以看出上涨趋势非常平缓。当时的成交量也几乎没有变化，这说明在3月下旬的反弹中，并没有新主力进场，不过是老主力在自救。所以进入4月后，汽车整车板块迎来了更猛烈的下跌。但之后，随着宏观经济形势的好转，股市作为经济的重要组成部分，迎来了新主力的进场。从图2-7中5月之后的成交量变化可以清晰地看到这一点。

当然，主力进场也是有先后顺序的。一部分主力会踏空反弹行情的前半程，但主力发现自己踏空后，敢于顺势进场；而散户看到股价上涨后就不愿意进场了，怕追高被套。其实，当散户看到主力积极建仓的信号后，就应该对接下来的行情走势心中有数。

综上所述，主力虽然在市场中没有肆意妄为的资本，但其纠错能力之强远非普通散户可比。总有一些散户想"逢低进场"、提前潜伏，这样等主力来了，就可以"躺着"赚钱了。这种思维非常不可取。第一，散户无法预知主力是否会进场；第二，散户也不会提前获知主力究竟什么时候进场。例如，中国石油（601857）是一只好股票，但跌的时间有些久，散户很难承担如此高昂的成本。

中国石油于2007年11月在A股上市，上市当天股价最高达48.62元，超过16.7元的发行价近3倍。如此高开导致中国石油透支了预期的利润，散户的高位接盘造就了800亿元高位套牢盘，而且几乎不可能再解套，如图2-8所示。

在中国石油上市之前，很多所谓的炒股"大V"发布言论，称中国石油是亚洲最赚钱的公司，股价至少有109元。很多不明所以的散户认为中国石油资本雄厚，一定不会破产倒闭。从本质上讲，股市是财富再分配的场所，散户如果不能持续提升自己的认知，迟早会被"收割"。从最朴素的角度想，盘越大的股票涨势越不能过快，否则狂涨势头越猛，后续的解套成本就越高昂。

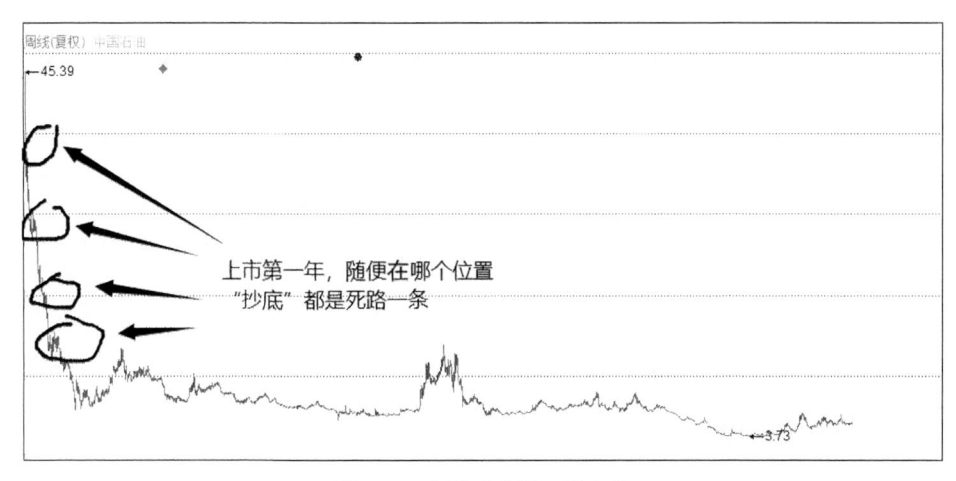

图 2-8　中国石油周 K 线走势

例如，某投资者在 2005—2006 年的大牛市中净赚 60 万元左右，加上 25 万元本金，账户中的资金有 85 万元左右。原本他知足常乐，准备退出股市一段时间。然而，2007 年中国石油上市打乱了他的计划，他认为中国石油非常有投资价值。他并未在中国石油上市当天以 48.6 元的价格追高进场，而是观望了相当长的一段时间。2007 年 11 月下旬，中国石油股价跌破 30 元，他投入 20 万元买入中国石油股票，认为自己能够赚得盆满钵满，现实却是不仅没有赚钱，反而被套牢了。

后来，而这位投资者不仅没有收手，而且采取越跌越买的策略，倒金字塔加仓，在中国石油跌破 20 元时再投入 20 万元，跌破 10 元时将账户中剩下的钱都投了进去。结果可想而知，无论股价是 20 元还是 10 元，他进场都属于高位接盘，损失惨重。2011 年，这位投资者为求解套，在股价 8 元附近将所有持仓股票全部抛售，这时的账户余额甚至低于 2005 年其入市之初的 25 万元本金。

2022 年 8 月，中国石油的股价才高于 5 元，2020 年甚至创下过 3.73 元的历史低价。那些在 2007 年以 48 元左右高位进场的老股民不知何年何月才能解套。

其实中国石油的股价并不算低，估值基本合理，如今大量散户被套的局面是由于当初上市时该股过高的发行价和开盘价所致。况且中国石油是典型的周期类个股，成长性有限，根本不可能进行股本扩张，实施高送转，分红率并不高。

总之，散户不要试图潜伏，而是要跟随主力。因为散户资金太少，没办法主导市场方向，但紧紧跟随主力总归不会出错。如果一只股票中只有散户做交易，那么整个市场就会很乱，没有人主导局面。因为散户的力量相差无几，在相互抵消之后，盘面很难走出单边行情。在这种情况下很难出现大K线，震荡区间也比较有限，更不要奢望股价能走出主升浪大行情。久而久之，市场就会变成一潭死水。然而，有主力参与角逐，情况就会发生根本性转变。

从总资金规模上看，散户是胜过机构的，但为什么散户在交易过程中总是被"收割"的一方呢？

原因就在于主力和散户存在根本区别。二者最为核心的区别有3点：资金、思想和交易模式。主力能够做到资金统一、思想统一、交易连续，而散户做不到任何一点。因此，主力可以在市场中起到"四两拨千斤"的作用，散户则是一盘散沙，只能跟在主力后面，最终难逃被主力"收割"的命运。

以拔河为例，一场拔河比赛选定20个体力状况比较接近的人参加，左右两边各10个人。试想一下，这是一场方向相反、力量大小相同的比赛，左右两边的力量相互抵消了。这样一来，代表初始位置的中间点纹丝不动。这和股市一样，虽然散户的总资金规模庞大，但终究是一盘散沙。而主力有统一的思想，主力加入哪个阵营，胜利的天平就会向哪一方倾斜。假设在拔河比赛左边的队伍再增加两个人，胜利的天平就会向左边这支队伍倾斜。这与主力突然进驻某一只股票的道理类似，有了主力的加入，股价很快就会走出窄幅震荡局面。

2.2.2 通过K线图判断主力的类型

主力分为两类：一类是做波段行情的机构，另一类是做短线行情的游资。

1. 机构与游资最大的区别

机构与游资的最大区别是二者的资金体量不同。机构的资金体量相对大，游资的相对小一些，这也导致二者存在以下两个明显差异。

（1）二者的行情节奏不同。因为机构的资金体量比较大，他们很难一次性买完股票，需要花时间有计划地分批建仓，因此股票行情就会呈现明显的阶段性：建仓、洗盘、拉升、出货。而游资的资金体量小，没有建仓、洗盘的过程，基本就是通过消息传播做行情接力及加速赶顶。

（2）二者的K线走势特征相反。机构有建仓过程，而为了拿到更多筹码，建仓的时候往往"走走停停"，K线和K线之间会有很大的重叠，这是波段主力在建仓时的走势特征。而游资进场的目的是做行情接力，没有建仓这一环节，他们希望今天买入，明天就能卖出赚钱。其操作风格是把股价跳空拉高，这样就可以卖出赚钱。所以，一旦游资进场，前期股票就会出现一些跳空高开以及连板的走势，有时甚至出现连续一字板涨停。相比之下，机构主导的波段行情在前期很少出现跳空和连续涨停，行情重叠度比较高。

二者后期的情况也正好相反。到了后半段，机构也会出现跳空高开和连板的动作。而游资往往会有一些出货动作，在K线图上会出现重叠。

2. 波段行情与短线行情的基本区别

（1）机构主导的波段行情有明显的建仓、洗盘、拉升、出货等步骤，游资主导的短线行情没有建仓就可以拉升。

（2）波段行情中K线多重叠，短线行情中K线多跳空。

（3）波段行情中K线连续涨停少，短线行情中K线连续涨停多。

（4）强波段行情的成交量呈现阶段性的放量和缩量，弱波段行情的成交

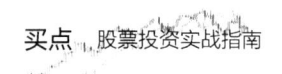

量比较均匀。

（5）波段行情以低吸为主，短线行情以追涨为主。

波段行情与短线行情的交易思路存在很大区别。如果波段行情好做，我们就按波段的思路操作。例如，先找到机构主力进场的迹象，进而判断主力的类型以及筹码获取情况，然后根据洗盘过程，判断后面还有没有主升浪的机会。如何判断后面还有主升浪机会，就要考虑如何恰到好处地买在主升浪的启动点，从而稳妥地"吃"下"鱼身"行情。

当然，如果遇到短线行情好做，我们就应该努力克服"恐高"的心理障碍，捕捉涨停板的机会。但是，心理上的突破难度往往超乎想象，因此建议散户用70%～80%的资金做波段，20%～30%的资金做短线。

3. 投资者做股票投资时，一定要分清主力类型

有些主力做波段行情，有些主力做短线行情。根据主力类型的不同，我们的策略也不同。例如，主力做波段行情，而我们做短线行情，那肯定会"捡了芝麻丢了西瓜"。如果主力做短线行情，我们做波段行情，股价上涨也不卖出，其结果必然是"竹篮打水一场空"。因此，遇到什么类型的主力，我们就做什么行情。

以汽车整车板块中的龙头股票长安汽车（000625）为例来验证该结论。长安汽车在2022年5月至6月的反弹中表现得非常出色，如图2-9所示。

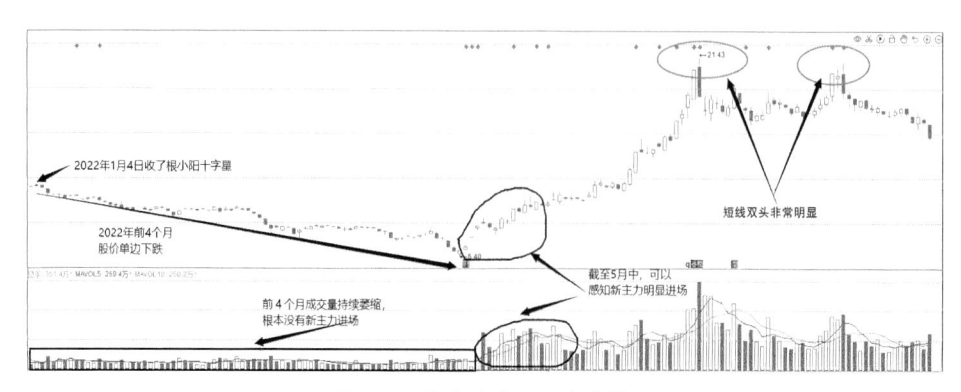

图2-9　长安汽车日K线走势

长安汽车始于2022年4月底的这波反弹非常强劲，从4月27日最低价6.4元算起，到6月29日最高反弹到21.43元，短短两个月股价上涨了几倍。当然，散户不要奢望能买在最低点，还是应该根据主力动向来确认自己的入场时间。从5月中旬的数据看，主力进场的迹象已经非常明显了，不但股价明显上涨，而且从K线走势图看，还是连续大阳线上涨，K线之间时不时出现重叠。这说明主力不但已经进场，而且实力非常强劲，是以高举高打的方式建仓的。

那么在2022年5月中旬，什么类型的主力进驻长安汽车了呢？从K线的重叠情况看，应该是新的波段主力进场"扫货"。我们从图2-9的底部成交量可以看出，新的波段主力不仅放量大，而且是连续的堆量，放量均匀。由此可见，此次进驻的波段主力很有实力，筹码充足，建仓成本较低。结合当时的新能源汽车政策以及长安汽车在2022年第二季度后期推出爆款车型的事实来看，显然这只股票的操作思路是波段。

关于长安汽车这只股票，从2022年5月20日起，笔者就在自己的抖音账号"老王投资日记"上，连续3天讲述其基本情况。笔者的观点非常明确，那就是汽车板块的风口来了，建议大家重点关注长安汽车。在5月22日关于长安汽车的第3集视频中，笔者跟大家说得更为明确：汽车整车板块极有可能成为2022年第二季度股市中的"主战场"。因为得益于产业链复苏和消费复苏，汽车整车板块将焕发新的生机。在视频的结尾，笔者还提醒观众：长安汽车作为有央企背景的汽车龙头企业，升值空间很大。作为普通散户，我们很难有持股一二十年的定力，但只要做个像样的波段行情也可以获得可观的收益。后来长安股价的演变也完全证实了笔者的判断，5月20日长安汽车股价高于10元，6月底最高涨到了21.43元，理论上波段收益高达1倍之多。

2.2.3 通过成交量判断波段主力筹码有多少

我们固然可以通过K线图发现主力进场的信号，并判断出主力的类型，但无法衡量主力拉升的底气有多大。因此，我们还要学会正确地分析成交量，进而判断主力的筹码有多少。

1. 对成交量的4个要求

第一，成交量不看红绿。成交量有红有绿，那么不同的颜色分别代表什么意思呢？不少投资者认为，红柱代表主力购进的，绿柱代表主力卖出的，这种观点显然是错误的。无论成交量是红柱还是绿柱，买卖双方的股票成交数量以及成交金额都是相等的，绝不存在所谓红柱代表主力进货、绿柱代表主力出货之说。

第二，成交量看位置和大小。低位向上突破放量，是主力进场的信号；反之，高位放量则基本上是主力"跑路"的信号，如图2-10所示。

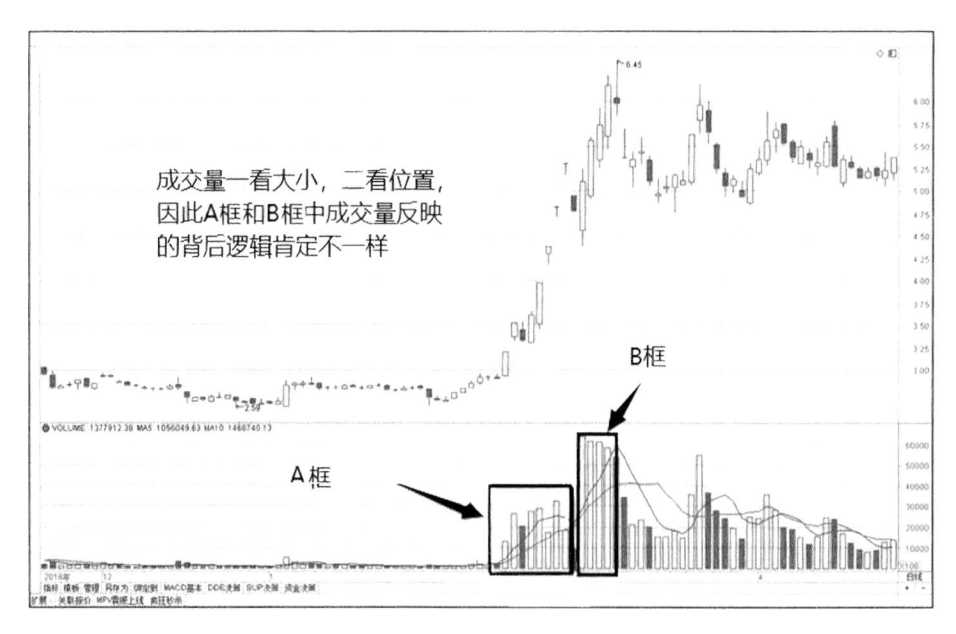

图2-10　不同位置和不同大小的成交量

第三，关注主力建仓痕迹所对应的成交量。只有在关键位置上放量，才有较高的参考价值。主力建仓初期，连续大阳线就是重要的进场信号，如图2-11所示。而对应位置的成交量连续放大，则进一步佐证了这一点。

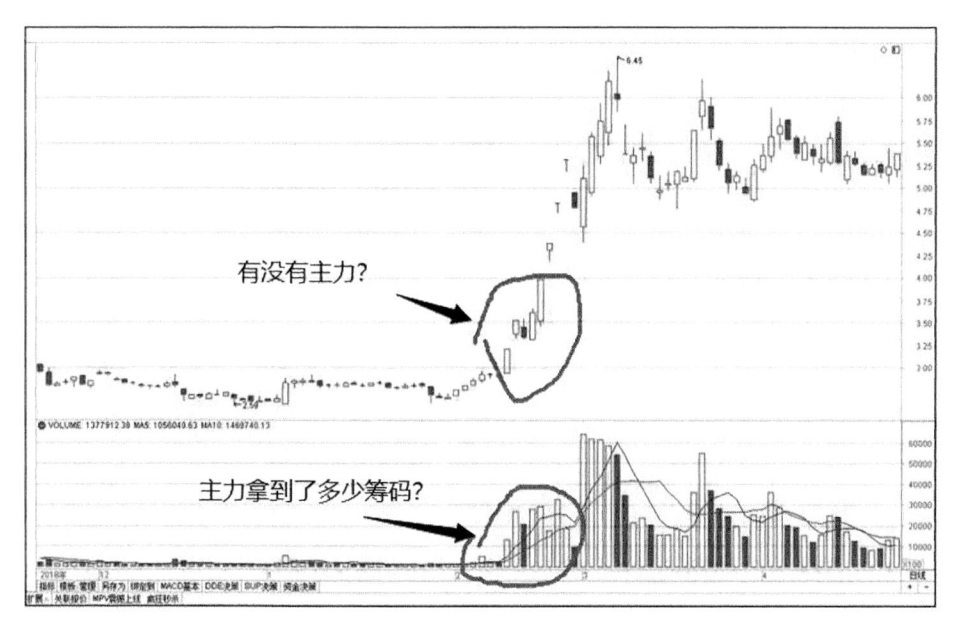

图 2-11　连续大阳线下的成交量

第四，判断成交量有两个基准："大"和"堆"。成交量要"大"，即成交金额要高；成交量要成"堆"，即连续放出大量。符合这两点要求的成交量，才是衡量主力拉升决心和底气的标尺。

2. 透过成交量的"大"和"堆"看清建仓本质

主力建仓的本质是主力把钱变成股票筹码；建仓之后洗盘，将意志不坚定的人洗出去；然后拉升股价赚钱；赚钱之后再出售筹码，股票筹码又变成了钱。上述步骤构成主力运作股票的4个阶段。

例如，有两只股票A股票和B股票在建仓之初的股价走势和成交量基本一样，如图2-12所示。

但接下来A股票与B股票的情况发生了变化，二者的成交量明显不同了，如图2-13所示。

图2-13中，A股票从低位开始逐渐放大成交量，B股票在低位没有放大成交量，而是在高位放大成交量。哪一只股票的发展潜力更大呢？显然是A

主力筹码多不多？　　　　　　　（建仓期）

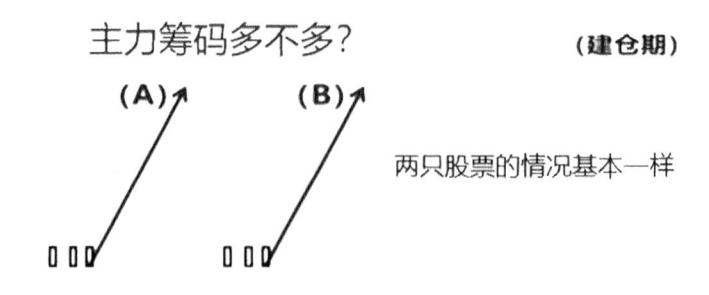

图 2-12　建仓之初的 A 股票和 B 股票走势

主力筹码多不多？

A 股票主力的筹码多，而且筹码成本也更低

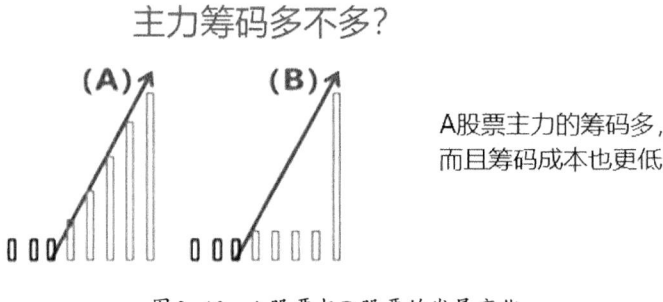

图 2-13　A 股票与 B 股票的发展变化

股票。因为 A 股票不但主力拿到的筹码更多，而且筹码成本也更低。反观 B 股票，主力不但拿到的筹码少，而且筹码基本是在高位拿到的，成本明显高于 A 股票。所以，接下来进入洗盘阶段后，B 股票会洗的时间比较长，回调比较深。

但一些老股民认为在洗盘阶段 A 股票会洗的时间比较长，回调比较深。为什么会产生这种错觉呢？因为他们认为 A 股票主力手中的筹码多、成本低，因此可以洗得时间长一些，回调深一些。这个观点是错误的。洗盘的风险非常大，因为洗盘的目的是清理市场多余的浮动筹码，抬高整体持仓成本，实际上对主力自身的伤害也很大，洗得越深，伤害越大。既然 A 股票的主力拿到了很多低成本筹码，控盘能力应该很强，洗盘程度不必很深。但是 B 股票的主力手中没有那么多优质筹码，还要再建仓，然后再洗盘，所以流程会比较长，洗盘时间也比较久。

因此，当洗盘结束进入拉升阶段后，A股票的拉升空间更大，行情也会走得比较流畅。

3. 如何正确运用成交量指标

第一，选择成交量在低位放大的股票。因为成交量在低位放大证明主力拿到的筹码多，成本也比较低。高位放大的成交量不太好，因为筹码在高位的成本会偏高。

第二，选择主力建仓时成交量比较均匀的股票。成交量均匀说明主力控盘能力比较强；反之，如果成交量参差不齐，则说明主力控盘能力比较弱。

第三，洗盘时洗得不深的股票更好；反之，洗盘时洗得越深的股票越不好。

2.3 延伸思考：寻找有主力的股票需要思考的问题

在寻找有主力的股票的过程中，投资者可能会感到迷茫。在这方面，投资者还需要做一些延伸思考，关注更多问题。

2.3.1 K线图与成交量哪个指标更重要？

通常情况下，分析股票只需看K线图和成交量两个指标就够了。那么，K线图与成交量哪个指标更重要呢？很多老股民有一种固化的理念，即认为成交量是真实的，而且量比价先行，所以成交量更重要。

其实这是一种错误的理念。价格远比成交量重要，而K线图就是用来反映股价变化的，所以K线图比成交量更重要。投资者平时炒股交易的是价格还是量？答案很明显，投资者看中的是价格，买卖的是价格，成交量不过是顺带产生的。

对于投资者来说，股价的波动会导致自己账户的资金产生波动，而成交量的波动对账户的资金是没有影响的。这说明市场是围绕着股价波动的。既然成交量是为股价服务的，那么K线图的重要性自然要大于成交量。

因此，我们在分析股票时，首先要看K线图，从中快速发现主力的踪迹，并判断出主力的类型，进而制定合理的炒股策略。在此基础上，再借助成交量去判断主力手中的筹码有多少。如果在关键位置发现"大量+堆量"，那么这个位置就是非常理想的进场点。

2.3.2 走出亏损需要做出什么改变？

"鸡蛋从外打破，是食物；从内打破，是生命。人生，从外打破，是压力；从内打破，是成长。"股市中的投资者一定要不断复盘过去的交易行为，思考自己为什么亏损、想获得盈利又需要做出哪些改变等。综合各种因素，我们至少应该在以下两方面做出改变。

第一，明白股价涨跌背后的逻辑。我们不要因为某只股票跌得多而选择购买，也不要因为某只股票涨停而去购买。盲目购入股票最终的结果可能是不停地被套牢。很多散户喜欢购买下跌的股票是因为资金有限，但又梦想一夜实现财富自由，所以总想买在最低点。然而，理想越"丰满"，现实就越"骨感"。全面注册制实行后，股票退市已成为一种常态，那些跌得多的股票不会永无止境地跌下去，它们可能会选择退市，最终受到伤害的只有散户。因此，我们买股票时应该尽可能寻找一些上涨的股票，"吃"稳妥的"鱼身"行情。

第二，坚持做好复盘工作。在复盘时，我们可以分析哪些板块涨得好、哪些板块涨得不好，哪些板块是新的、哪些板块是老的，最近市场的持续性如何，整体赚钱效果如何，未来适合波段操作还是短线操作等。此外，通过复盘，我们还要明确最近市场的热点和主线是什么。

上述这些"功课"都是必须做，而且要做好的。俗话说，要想人前显贵，必先人后受罪。股市里最终能够赚钱的只是少数人，如果不在背后默默努力，我们凭借什么跻身能够赚很多钱的成功者行列呢？

第 3 章　追踪主力建仓动态

相比于具有统一思想的主力，散户就像一盘散沙，即使散户的资金总额比主力大得多，但在股市中能够赚到更多钱的依然是主力。作为散户，我们能做的就是通过追踪主力的建仓动态，进而跟随甚至预测出主力看好的股票，确定好买入的时间点，最终获得收益。

3.1　散户能否主动出击选出好股票？

在无法改变信息滞后、资金规模小、研究实力弱、人脉资源稀缺等诸多不利因素的前提下，散户到底能不能通过主动出击，从数千只股票中选出能赚钱的好股票呢？答案是肯定的。本节就详细讲解选出好股票的方法。

3.1.1　被证监会通报的"王府井内幕交易案"

2020年，中国证监会官网通报了一起股票内幕交易案，如图3-1所示。

图3-1中展现了主力机构在2020年运作王府井（600859）这只股票的主要环节，包括潜伏建仓和试盘性拉升、震荡洗盘、初步拉升、再次震荡洗盘、

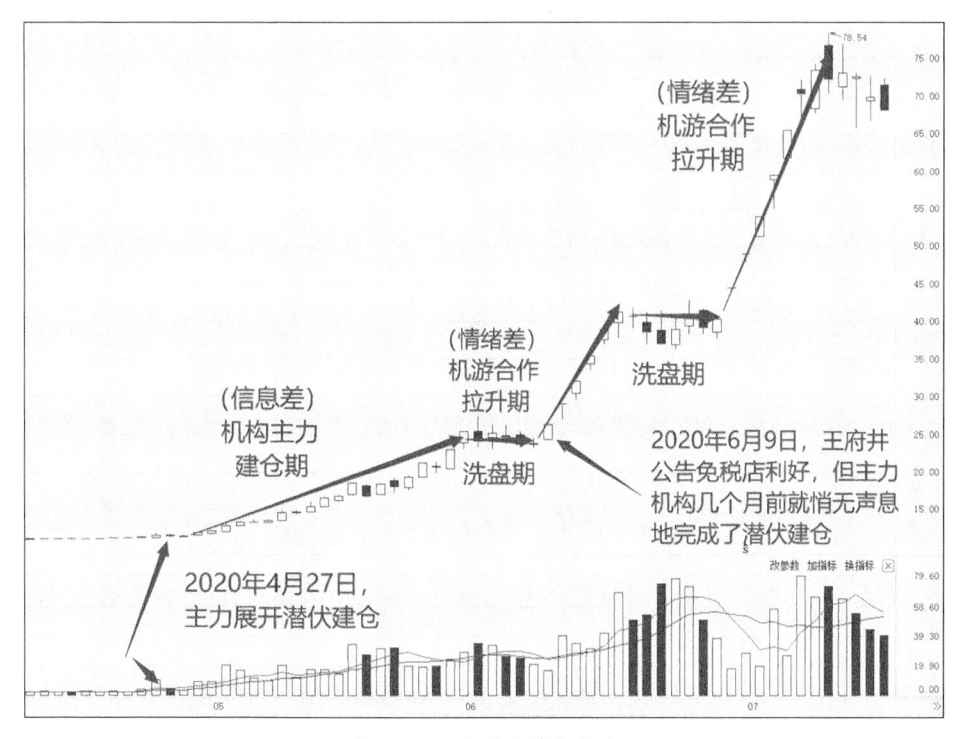

图 3-1 王府井内幕交易案

主升浪拉升等。当然，实际情况要远比 K 线图展示得复杂，因为股市就是资本博弈的战场。

细数 2020 年的大牛股，王府井绝对算得上。2020 年第一季度，主营零售业务的王府井业绩暴跌了 78%，亏损了 2 亿元。但王府井的股价丝毫没有受到影响，反而从 2020 年 4 月 27 日的 12 元左右开始节节攀升，连续上涨了两个多月，到 2020 年 7 月 9 日股价最高攀升到 78 元左右，翻了 6 倍左右。

在这波气势磅礴的上涨中，王府井在市场上一直遭到内幕交易的质疑。2020 年 6 月 9 日，王府井发布公告称，公司获得了免税品经营资质。而在此之前，已有资金提前获得内幕消息，悄悄吸筹布局。如图 3-1 所示，在 2020 年 6 月 9 日王府井公布利好消息之前，主力机构早就悄无声息地完成了潜伏建仓，而且进行了初步洗盘。而随着利好消息出笼，主力机构与游资合作迅速拉升行情。

从主力机构早期潜伏建仓的时间看，内幕交易的性质非常明显，可以说事实胜于雄辩。然而，王府井当时却断然否认有内幕交易，在公告中称："知悉该项业务的内幕知情人没有违反保密义务行为，也没有其他违反有关法律法规的情形。"然而，2020年9月18日，王府井就被证监会"打脸"了。证监会调查发现吴某某等人在重大事件公告前，获取了内幕信息，并大量买入王府井股票，获利数额巨大，涉嫌内幕交易。因此，证监会将依法追究相关当事人的违法责任，涉嫌犯罪的将及时移送公安机关追究刑事责任。

后经过调查发现，这位吴某某是扰乱股市的惯犯。在此之前就因为两次操纵股票受到重罚。第一次操纵特力A股票，赚了1.7亿元，被证监会罚了3.5亿元；第二次操纵新华锦股票，不但亏损了1.7亿元，还被证监会处罚100万元。由此可见，股市并非法外之地，遵纪守法、堂堂正正地挣钱才是正道。

3.1.2 主力获取暴利的密码源于信息不对称

证监会每年都会发布一些股票内幕交易案例，其中会披露某些主力坐庄和游资操纵股票价格的细节。

投资者可以去证监会官方网站查询相关信息。这样做的主要目的是，通过细节了解主力是如何利用信息不对称这一因素"收割"散户的。以王府井这只股票为例，在2020年6月9日发布利好消息前，主力机构早已悄无声息地完成了潜伏建仓，甚至初步洗盘都结束了，就等利好消息发布后，散户跟进，坐等赚钱。所以，大家要通过分析证监会通报的案例，锻炼自己识别主力套路的本领。

目前，A股市场仍然处于发展阶段，内幕交易这种违规现象很难杜绝。虽然证监会每年都会大力查处类似违规现象，但是因为股票市场不成熟，这种信息不对称的情况将会长期存在。

那么，什么是信息不对称，其主要表现形式又是什么呢？

很多投资者都有研究基本面信息的习惯。大家研究的那些信息主要有两个来源：第一个是互联网，第二个是实地调研。但问题在于，普通散户资金实力非常弱，根本不具备做实地调研的资本，去上市公司总部进行实地了解更不可能。退一步讲，即便上市公司总部接待了散户，并且提供了一些公司经营方面的数据，普通散户也可能看不懂或者分析得不够深入。

因此，几乎所有散户都是靠网上的信息来做基本面研究。然而，细细想来，网上的那些信息又源自哪里呢？答案是一些机构，如公募基金公司、证券公司、第三方信息咨询公司等。这些机构具有强大的调研能力，这些信息是它们通过投入巨大的人力成本调研得来的，而普通散户是没有这种调研能力的。因此，最有价值的原始信息一定是机构优先得到并优先运用。

主力之所以能在利好消息公布前悄无声息地完成潜伏建仓，很大可能是提前得到了内幕消息。所以当机构把信息向市场公开时，信息的时效性已经大打折扣。现实就是这样残酷，当散户看到已经被过滤的信息后，等待他们的很可能是被"收割"的命运。

显然，散户可能永远无法打破这种信息不对称的局面，但这并不意味着散户就只能被主力"收割"。因为主力只要提前布局的话，就一定会在盘面上留下蛛丝马迹，这就给散户提供了反"收割"的机会。

3.1.3 借助K线图打破主力的信息不对称优势

打破主力的信息不对称优势的方法一点都不复杂，答案就在股票的K线图里。只要主力建仓，就必然留下蛛丝马迹。我们可以通过研究盘面，推导机构是否已经获取了先手信息。

以股票王府井为例，利好消息是2020年6月9日公布的，但主力机构在4月27日就开始建仓布局了。在接下来的一个月时间内，主力机构通过持续上涨主动买入建仓，股价从12元左右起步，到同年5月底建仓结束时，王府井的股价已经涨到26元。

其实，在股价上涨的过程中，我们就可以通过K线图判断出有主力进场，而且能够判断出这是波段主力在行动。因为在那一段上涨行情中，基本没有跳空高开，更没有连板现象，上涨的K线之间有很多重叠，波段主力进场的特征非常明显。在成交量方面，存在大量和堆量的形态。这足以表明当时有主力进驻，而且还是拿到了很多筹码的波段主力。而那时还未到利好消息发布的时间。

纵然散户在信息获取上没有"通天"的本领，但并不影响散户"大口吃肉"。散户完全可以通过研究盘面变化，推断出王府井这只股票未来一定有重大利好形势发生，只是暂时没有公布而已。既然主力已经看好它，散户就可以紧随其后展开行动。简而言之，借助K线图，散户完全可以打破主力的信息不对称态势，实现反"收割"。

3.1.4 根据主力类型实时调整交易策略

在2020年4月底到7月初这段时间内，王府井这只股票先后经历了机构建仓、两波洗盘，以及两波拉升行情。机构建仓期，主要是主力机构在赚取信息差的钱。而拉升期则是机构与游资合作，通过情绪差继续"收割"散户的钱。尤其是始于2020年6月下旬的第二波拉升，明显是游资从主力机构手中"接棒"后疯狂拉升股价的结果。仅仅两周，王府井的股价就从40元左右上涨到近80元。

散户一定要根据主力类型，实时调整自己的交易策略，毕竟波段行情与短线行情的交易思路是有明显区别的。

一般情况下，主力可以分为波段和短线两种类型。而波段主力又可以分为国家资金、机构和庄家3类，如图3-2所示。

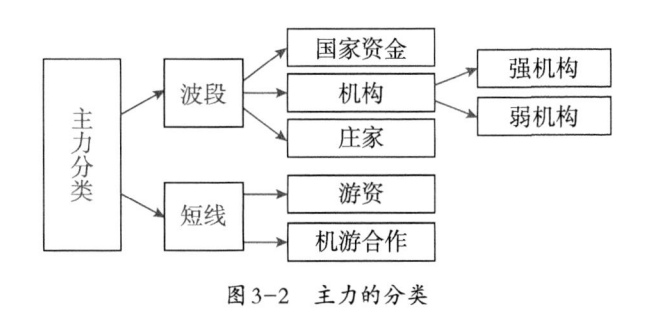

```
主力分类 ─┬─ 波段 ─┬─ 国家资金
         │       ├─ 机构 ─┬─ 强机构
         │       │       └─ 弱机构
         │       └─ 庄家
         └─ 短线 ─┬─ 游资
                 └─ 机游合作
```

图 3-2　主力的分类

我们先从主导波段行情的主力机构谈起。波段的主力机构主要有三种：第一种是真正的机构，如公募基金、大型私募基金，以及一些证券公司的自营盘；第二种是伪机构，即打着机构名义的个人，他们实际上是庄家，通常是资金雄厚的企业老板打着机构的招牌行事。虽然说目前市场中的庄家越来越少，但是仍然存在一些庄股，投资者平时在炒股时务必擦亮眼睛。

当然，最强的主力类型还是国家资金。每当大盘指数跌到关键位置时，总有一股强大的资金去拉抬券商、银行、保险以及中字头等大盘股，进行护盘。国家管理的资金在股市上的投资规模庞大，主要通过特定的金融机构进行管理，如中央汇金、证金公司等，这些机构通常掌握着大量国有上市公司的股票。

在短线行情中，通常是游资唱主角。现实情况是，主力机构由于资金规模过于庞大，想迅速全身而退是不可能的，所以利润最丰厚的主升浪行情通常是机构与游资合作的产物，机构"吃"主升浪前半段，后半段交给游资。游资的特性决定了它们热衷于这种锦上添花的行情，哪怕存在一定的风险，也在所不惜。但在行情启动初期，无论是机构、庄家合作，还是机构、游资合作，共同特点都是利用信息差的优势在建仓和吸筹过程中尽可能地"收割"散户。了解到这样的共性后，我们在选股时就可以尝试反向"收割"主力。

3.1.5 想赚短线快钱，理解情绪差是关键

很多散户都喜欢做短线，但用做波段的思维做短线显然是行不通的。波段主力赚的是信息差，短线主力赚的是情绪差。

通常情况下，当早已被泄露给机构的利好消息发布后，散户的看多情绪往往瞬间被激发出来，迫切想要建仓。这就给主力借助散户情绪差赚取短线暴利提供了机会。因此，游资最关心的是相关题材是否有足够的吸引力，让散户心甘情愿地持续涌入这只股票中建仓。

如此看来，如果我们想把短线行情做好，就一定要在强势股板块中选股，千万不要碰冷门板块，因为冷门板块往往无法激发散户的投资热情。

3.2 主力各种建仓行为的优劣分析

主力建仓有不同的表现形式。对于散户来说，研究主力建仓的不同表现形式有助于自己更好地"吃"到"鱼身"行情。

3.2.1 主力进场的两种类型

前面已经讲过，主力进场表现为5种形态：大阳线、大阳线涨停板、连续大阳线、连续大阳线涨停板、连续性上涨大阳线。这5种形态可以总结为以下两种类型。

1. 单兵突进

主力进场呈现大阳线以及大阳线涨停板形态，表明主力刚刚入场，但接

下来是否有持续性动作，此时并不能确定。对于普通散户来说，一定要在找到有主力持续性动作的股票后再考虑进场，没有主力持续性动作的尽量不要进场。

那么为什么一定要寻找到主力持续性进场信号再进场呢？因为只有出现了持续性进场信号后，主力筹码收集够了，才会有动力拉升行情，散户才有机会跟着主力一起赚钱。

2. 连续上涨

连续大阳线、连续大阳线涨停板、连续性上涨大阳线这3种进场形态展现的是主力在以连续上涨模式建仓。这3种进场形态的共性是都有持续性，而普通散户需要的就是这种持续性。只有主力持续性入场，后面才可能有大的上涨行情。

但上述3种形态也有不同点，集中体现在主力的实力强弱不同。主力的实力有强弱之分，在股市中消失的主力有很多，所以散户不要盲目崇拜、跟随主力。散户要学会挑选实力强劲的主力跟随。那么，我们又该怎么判断主力的实力强弱呢？

第一，通过大阳线的长短来判断。如果大阳线很长，主力实力就强；反之，主力实力就较弱。

第二，通过大阳线的数量来判断。凭单根大阳线的长短即可初步判断主力实力的强弱，如果加上大阳线数量的多少就会更有把握判断主力实力的强弱。大阳线数量越多，主力实力就越强；反之，主力实力就越弱。

总之，借助K线图，我们不仅可以发现主力进场的踪迹，还能判断出主力的类型和强弱。

那么，在连续大阳线、连续大阳线涨停板，以及连续性上涨大阳线这3种主力进场形态中，哪一种主力的实力最强呢？很显然，连续大阳线涨停板中的主力实力是最强的，连续大阳线次之，而连续性上涨大阳线则排在最后。

3.2.2 延伸阅读：分析股票走势的5个步骤

通常情况下，我们可以通过下面5个步骤分析一只股票的强弱：

（1）通过K线图快速发现股票主力；

（2）通过K线图判断主力类型，明确是做波段的机构主力，还是做短线的游资主力；

（3）通过K线图进一步判断主力实力强弱；

（4）借助成交量，判断主力是否已经拿到了足够的筹码；

（5）根据建仓之后的洗盘及拉升情况，并结合成交量，判断主力的筹码是否已经出手。

3.3 建议重点关注小阳潜伏建仓

小阳潜伏建仓会在盘面上呈现连续性小阳上涨的特征。如果能够抓住这一买点买入，散户就能够利用信息差反向"收割"主力，因此建议散户重点关注小阳潜伏建仓。

3.3.1 小阳潜伏建仓的优势

主力建仓的形式多种多样。对散户而言，不同建仓形式的参与难度也大不相同。以连续大阳线建仓为例，主力可能由于形势所迫，只能高举高打快速建仓，建仓成本已不是最优先考虑的问题。因此，大阳线建仓的行情走得非常快，看似进场信号明确，但散户的参与难度特别大。因为绝大部分散户都有"恐高"心理，高举高打反而让他们更加不敢参与。

相比之下，小阳潜伏建仓可以让主力在股价处在相对低位时，抢在散户和其他主力前面悄无声息地进场。这时，虽然股票的成交量比之前有所放大，但股价只是连续小阳地温和上涨，很难吸引散户和其他主力的关注。这也是为什么小阳潜伏建仓最难被观察到。

除此之外，在小阳潜伏建仓模式下，主力以较低成本吸收了大量筹码，在后面洗盘阶段控盘的能力会比较强，拉升阶段的底气也会非常充足。最重要的是，小阳潜伏建仓留给散户的反应时间相对充足，如果能够有效识别其核心特征，那么小阳潜伏建仓非常值得散户关注。

根据主力小阳潜伏建仓的特征，散户在选股时应尽量关注股价处在低位、盘面没有主力进场的痕迹、当下刚好有新主力进来布局的股票。如果股价处在低位，但盘面已有主力进场的痕迹，而且老主力还没有撤出，又来了新主力，两个主力在里面争斗，那么行情就不好展开了。

这种选股理念最适合运用于大盘和市场不景气，个股和板块持续下跌，没有新主力敢于提前布局的情况。一旦有主力在低位小阳潜伏建仓，对于散户来说很可能是一个重大的投资机遇。

回顾2022年前4个月的大盘指数，主基调是下跌。在这种情况下，汽车整车板块前4个月不但持续下跌，而且成交量几乎呈一条直线持续萎缩。但到了5月中旬，可以明显感觉到有主力展开小阳潜伏建仓。散户即使只在这个时候跟随进场，也可以在一个半月的时间内获取60%左右的收益，而这还只是汽车整车板块的平均收益。如果能够再提前一些时间入场，那么散户能获取的收益可能更多。

3.3.2 小阳潜伏建仓的运用基础

主力吸足筹码后需要展开拉升，这个过程必须得到市场的认同，否则，随后的行情拉升及洗盘过程都难以顺利展开。所以，小阳潜伏建仓要有运用基础。

通常情况下，主力会选择两种类型的板块进行小阳潜伏建仓：一种是接下来即将有机会变得活跃的板块，另一种是前期活跃的板块。不管是哪种类型的板块，一定是能引起市场跟风盘的"共鸣"。例如，前期活跃的板块，在沉寂了一段时间后，基本面又出现新的促进因素，使板块有望再度被激活。如果是正在活跃的板块，主力的动作很可能被人注意到，潜伏建仓这一隐秘行动也将化为泡影。

在A股2022年5—6月的这波深V反弹行情中，最突出的板块有两个：一个是汽车整车板块，另一个是光伏板块。从板块指数看，汽车整车指数涨幅接近100%（见图3-3），光伏概念涨幅在80%左右（见图3-4）。相比之下，2022年第一季度相对火爆的房地产开发板块则呈现明显的跌势（见图3-5），基本上是怎么涨起来就怎么跌回去，又是一波明显的结构性行情。如果选错了板块，就不要想着收益了，很可能连本金也被套进去了。

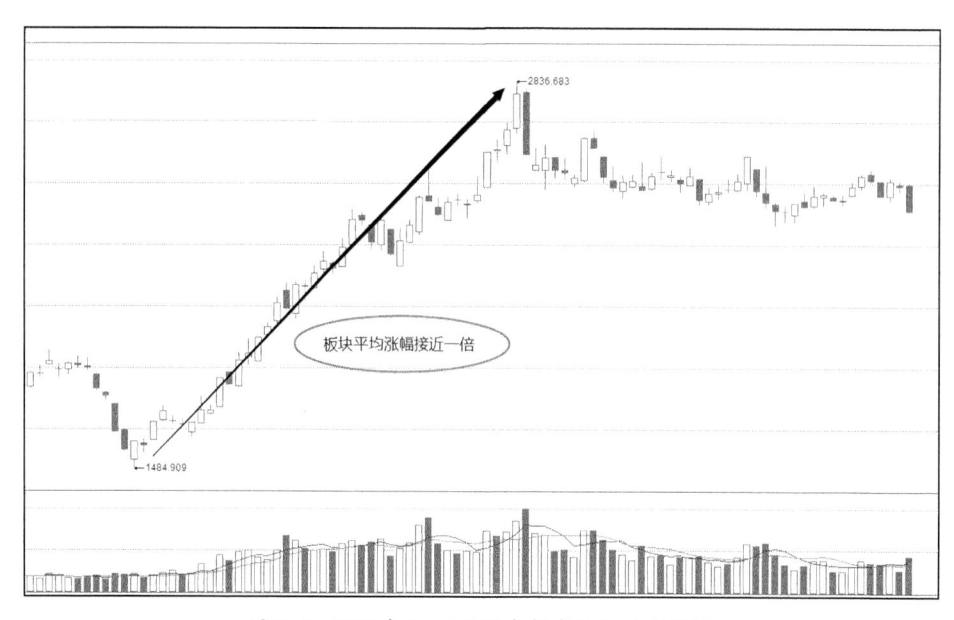

图3-3　2022年5—6月汽车整车板块股价反弹

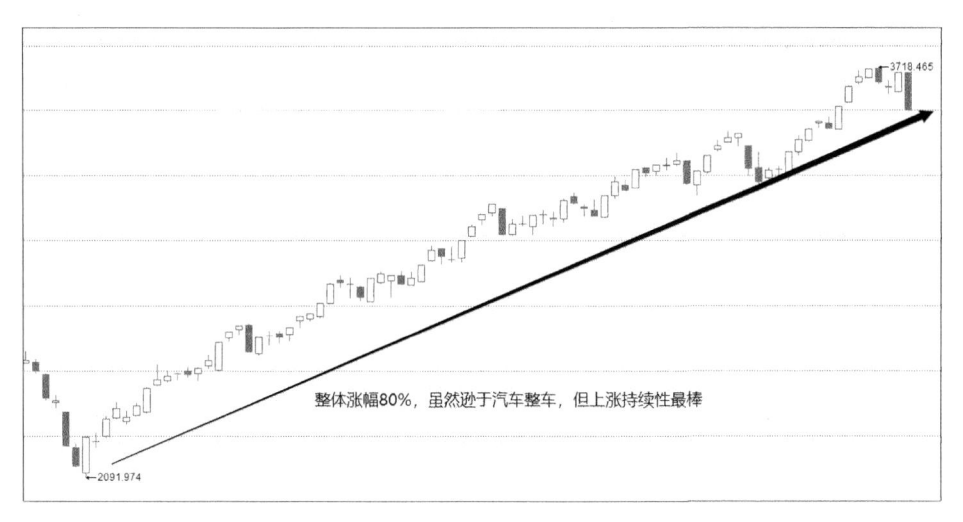

图 3-4　2022年5—6月光伏概念板块股价反弹

图 3-5　2022年5—6月房地产开发板块指数日K线走势

显然，大家在跟踪波段主力建仓动态时，应该尽可能将目光放在明星板块上，如汽车整车板块和光伏板块。而要做到这一点，就要求我们的视野要宽广。在抖音账号"老王投资日记"中，笔者不仅在主力完成建仓后恰到好处地带领粉丝"狙击"了新能源汽车、光伏这两个板块的龙头股，而且在新能源汽车板块和光伏板块的下跌行情处于尾声之际，笔者和粉丝多次强调过重新绘制2022年炒股路线图的必要性，因为在那时笔者就已经注意到了相关的变动趋势。如果还有读者想要更进一步了解更多板块未来的发展趋势，可以关注笔者的抖音账号。

3.3.3 小阳潜伏建仓的具体方向

在选择了有可能活跃或前期活跃过的板块之后，主力通常会进一步筛选，寻找未来潜力较大的牛股或龙头股票。

小阳潜伏建仓的具体操作思路是以趋势操作为指引，在运作中以赚取波段的大利润为主。例如，某只成长赛道上的牛股在3年内股价上涨了10倍，由此可见，小阳潜伏建仓获利并非一朝一夕就能完成的事。主力完成潜伏建仓后，要经历数轮洗盘和拉升过程，而且一家主力从头"吃"到尾的可能性很小，通常需要与其他主力配合共同拉升股价，甚至接力拉升。

如果主力所选股票未来潜力不大，就难以形成多家主力接力拉升的局面。例如，A主力选择在某股票小阳潜伏建仓，当股价拉升到一定程度后，A主力急需另一新主力加入接力拉升股价。但由于出现意外因素，这只股票难以维持上涨趋势，也就不会有新主力在高位接盘。散户也需要注意这种情况，不要看到小阳潜伏建仓就盲目地立刻跟进，否则有可能和A主力一样被套。

3.4 散户如何跟踪小阳潜伏建仓股票？

散户想要跟踪主力小阳潜伏建仓选股，要牢记两点诀窍，并挑选合适的进场时机。

3.4.1 牢记两点选股诀窍

如果想要跟踪主力小阳潜伏建仓选股,散户首先要注意股票的日K线走势图。小阳潜伏建仓时的K线走势连续性较好,成交量也较之前有所放大。因此,连续小阳上涨趋势和成交放量是散户必须牢记的两点选股诀窍。需要注意的是,成交放量不是单根大量,而是连续堆量,也就是说必须形成阶段性的放量,散户才可以跟进。

根据这两点诀窍选出目标股票后,散户还需要结合其他条件进行判断。例如,股票题材是否属于近期热点,政策支撑力度如何,以及市场对该题材的想象空间是否足够大等。在股市中没有一成不变的诀窍,只有随机应变、优中选优,散户成功获利的概率才高。

3.4.2 散户如何选择进场时机

选好股票也不意味着散户能够随时进场,散户要重点关注小阳潜伏建仓之后出现的大阳线。

如果小阳潜伏建仓之后突然出现了大阳线,那么散户就要深入分析主力的意图。试想一下,主力原来是悄悄潜伏进场,现在突然高调起来了,主力的底气来自哪里?目的又是什么呢?

第一,主力的底气应该是来自它已经吸收了足够多的筹码,所以没有必要再继续"遮遮掩掩"。

第二,主力大阳线高调亮相的目的还是赚钱。主力已经建好仓,只有拉升股价才能赚到钱。在前期建仓时,主力是悄悄入场的,唯恐别人与其抢筹码。而建完仓之后其筹码已经足够了,不担心别人抢筹码,反而其他人越抢,主力就越开心。因为其他人一抢就把股价拉高了,这对主力来说是一件好事。因此,主力建仓之后出现的大阳线就代表着主力的策略将会发生转变。

当出现这样的转折点后，散户能否开始准备进场建仓了呢？这要分两种情况看。

第一种情况：对于喜欢右侧交易（股价经过一段时间的上涨到达顶部，之后股价回落，K线走势形成倒V曲线，顶部两侧称为左侧和右侧，确认股价到达顶部之后卖出股票称为右侧交易）的散户来说，他们本来就不愿意做长线交易，其交易理念就是等股价涨起来后，追高买入。所以，小阳潜伏建仓之后出现的大阳线毫无疑问就是买点，喜欢中短线交易的散户可以在此时进场。

第二种情况：喜欢左侧交易的散户的交易理念是不愿意追高冒险，喜欢在低位吸筹，因此可以选择再继续观望一段时间，等大阳线回调并企稳（股价运行稳定）再进场。很多散户容易犯一个错误，就是一看到股价回调，不等企稳就买入，很多人就买在了"半山腰"，进退两难。所以，喜欢左侧交易的散户一定要等企稳才能进场。

那么，上述两种交易思路，哪个更有优势呢？实际上，这两种交易思路没有优劣之分，散户要判断自己适合哪一种。左侧低吸的优点在于买入的价格比较低，但缺点在于其确定性也比较低；右侧追涨的优点在于确定性比较高，但缺点是买入价格也比较高。所以从严格意义上讲，这两种方法各有优缺点。

总之，在小阳潜伏建仓之后大阳线"高调亮相"，原则上就是散户买入的信号。但散户进场时机的选择还需要进一步分析，具体分为以下两种情况。

第一种情况：主力结束小阳潜伏建仓，正式发出进场信号，此时进场较为稳妥，如图3-6、图3-7所示。

连续的小阳线上涨，加上成交量阶段性放大，出现了大量堆，这些都是潜伏建仓的标志。但是，这个阶段并不是散户进场的稳妥时机，因为主力尚未拉升展开行情。随着大阳线出现，主力发出正式的拉升信号，散户进场的稳妥时机由此出现。

当然，任何一笔交易都不可能百分百地被认为是正确的，因此我们必须制订风控预案。大阳线信号出现后，如果后续行情"击穿"大阳线当天的低

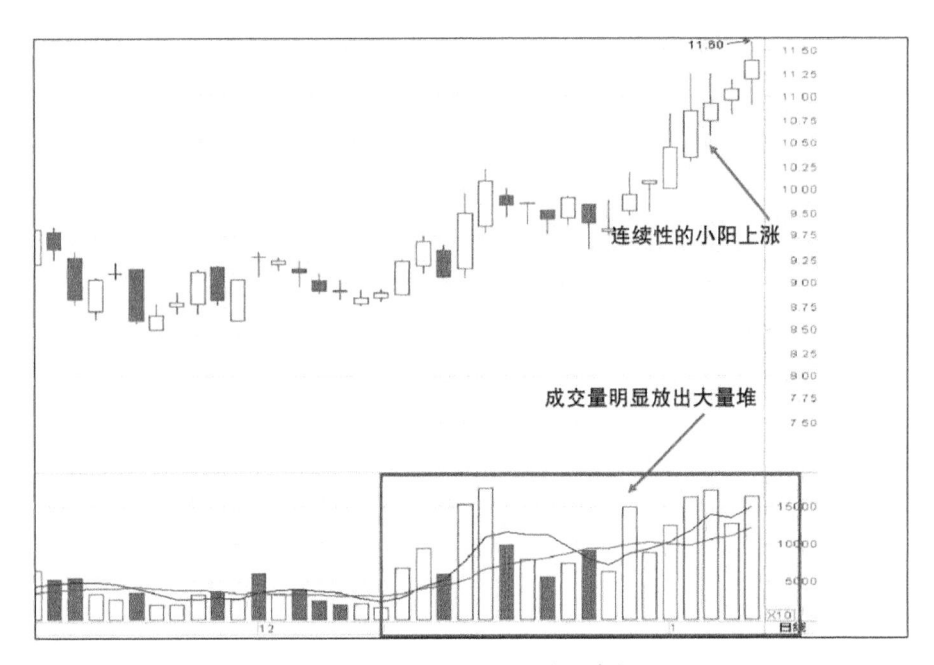

上篇 擒"牛"秘籍（精准"狙击"牛股起爆点）

图3-6 主力连续小阳潜伏建仓

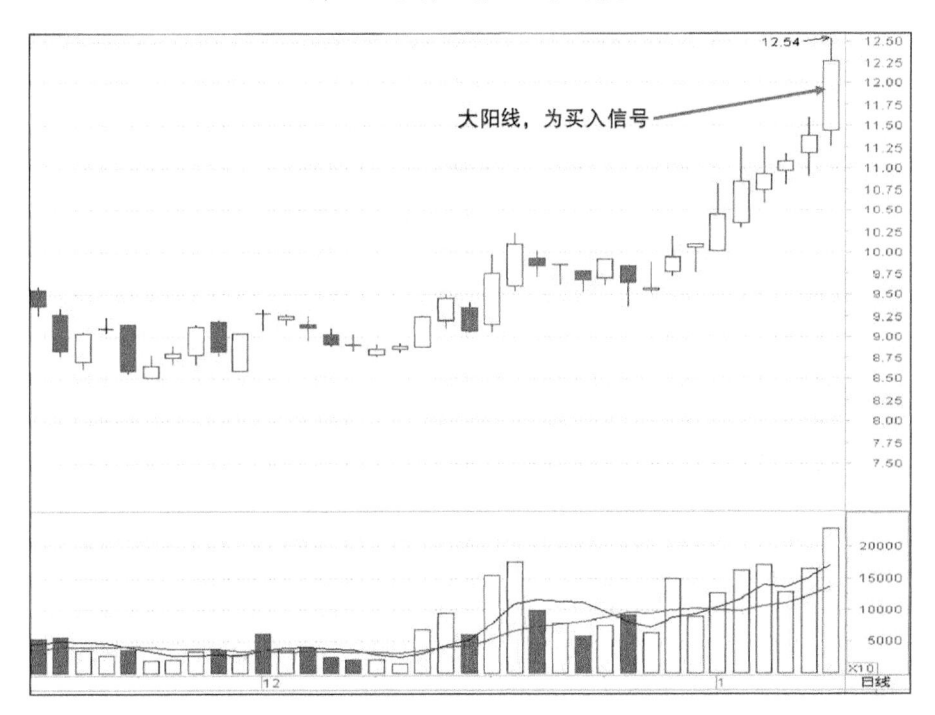

图3-7 主力发出拉升信号

点，散户则必须止损离场。

第二种情况：短线回调企稳再进场。短线回调企稳的具体标志包括探底回升、走平小阳线，以及靠近20日均线后股价掉头向上等。这些标志的出现都可以作为散户的进场时机。

短线回调企稳后再进场，需要散户放弃主力初期拉升的"前浪"机会，耐心等待更加磅礴的"后浪"机会进场。在这种情况下，散户可以将止损点放在回调企稳的低点处。

3.4.3 散户离场时机的设定

当股市行情加速上涨后，如果出现"天线宝宝"或"海绵宝宝"的K线形态，即可视为稳健的卖点。

标准的"天线宝宝"离场信号如图3-8所示。

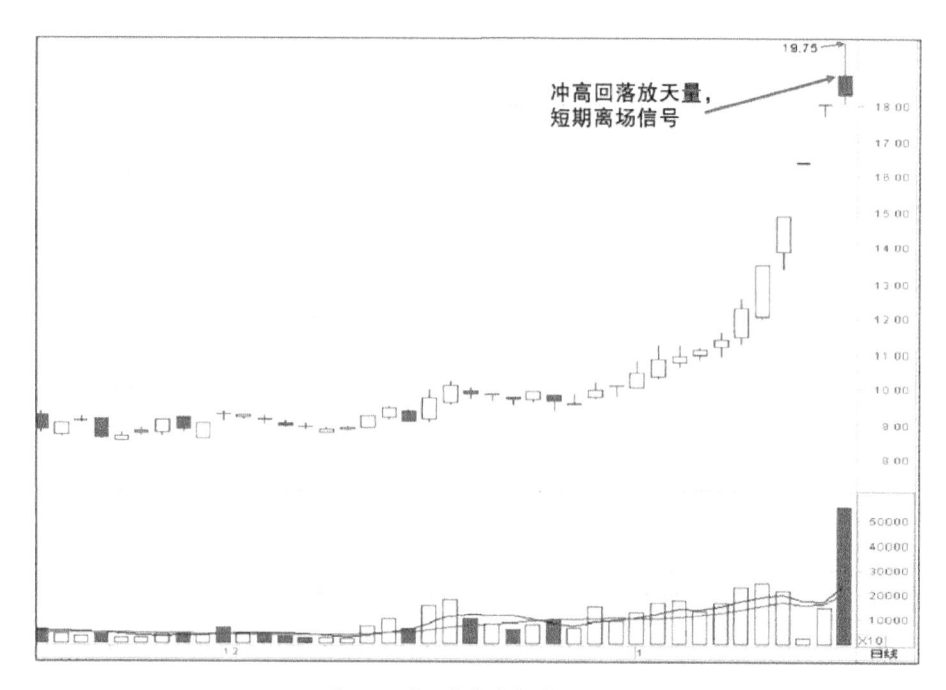

图3-8 "天线宝宝"离场信号

主力小阳潜伏建仓结束后，出现了大阳线进场信号，然后连续出现4个涨停板，第5个涨停板没有封住，变成了天线形态的长上影小实体阴线，而且成交量非常大，这就是短线标准的离场信号了。

"海绵宝宝"离场信号如图3-9所示。

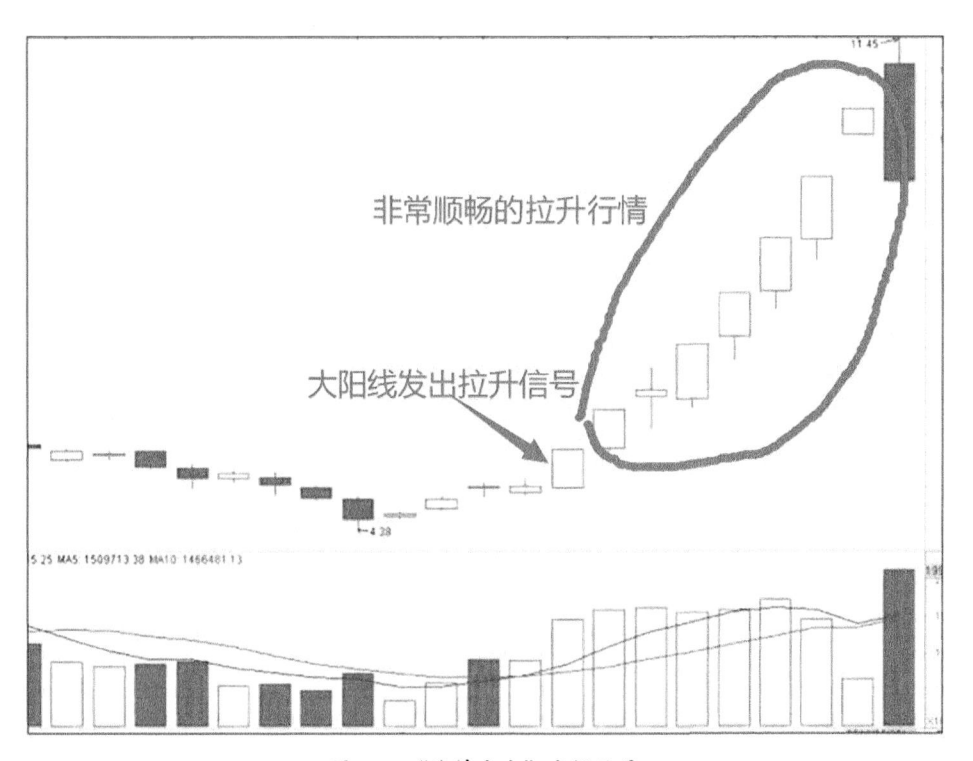

图3-9 "海绵宝宝"离场信号

自从底部发出涨停大阳线拉升信号后，连续出现了6个涨停板，最后一个高开的涨停板没有守住，反而将第5个涨停板的阳线吞噬掉，从而形成了"海绵宝宝"K线形态。加上成交放出了巨量，这也是非常鲜明的短线离场信号。

3.5 小阳潜伏建仓的操作要点及延伸思考

前面已经讲述了小阳潜伏建仓的要点，本节将对小阳潜伏建仓的这些要点进行总结，并带领大家思考为什么在出现卖出信号时必须迅速离场。

3.5.1 关于小阳潜伏建仓的操作要点

小阳潜伏建仓的操作要点主要有以下6点：

（1）要求股价处于相对低位，前期没有主力入场（K线图表现为下跌减缓）；

（2）小阳潜伏建仓时，K线图走势连续性相对较好；

（3）成交量较之前明显放大，而且是大量和堆量；

（4）从有机会活跃的板块、前期活跃的板块、当下活跃的板块中，选取相对理想的股票标的；

（5）大阳线、短线回调企稳（探底回升和走平小阳线）、靠近均线（20日为主）企稳为买点，止损点为大阳线买入的当天低点或回调企稳的低点；

（6）加速后的"天线宝宝"或"海绵宝宝"为卖点。

注意，小阳潜伏建仓操作要点的第6点有限定条件，那就是当行情加速后，如果出现了"天线宝宝"或"海绵宝宝"这类信号，就是卖点。当然，这是大家都愿意看到的情况，毕竟买股票的目的是赚钱。但问题在于，我们不可能每一笔交易都万无一失，股市交易中本来就没有"常胜将军"，失败了也很正常，但必须学会果断止损。

第5点给出了两种及时止损的方法。不管做什么交易，想要止损的话，按照这两种方法执行就可以了。对于追高买入的散户来说，止损时机就在大阳线买入的当天低点；对于回调买入的散户来说，止损时机就在回调企稳低点。

3.5.2 出现卖出信号后必须离场

当卖出信号出现后，很多散户会犹豫不决，认为还有再涨下去的趋势。他们经常会这样为自己开脱："主力还没有出完货，人家都没有离场，我为什么要卖掉股票呢？"这种想法看似很有道理，实则是在自我麻痹。

作为普通散户，我们在平时的交易中要养成一个好习惯，那就是明白主力是否出完货和我们没有关系，只要出现卖出信号，就要立即卖出股票。

股价走势发生变化表明主力有新的想法了，这就代表能够赚钱的主要行情可能已经走完了，后面的出货行情如何和我们散户没有关系。股市本身就是变化的投资市场，面对"鱼头""鱼身""鱼尾"，作为精力、财力有限的普通人，我们自然要选择"吃"风险小、利润高的"鱼身"，至于后续的多"刺"寡"肉""鱼尾"，我们没有必要冒着风险再去"吃"。

当卖出信号出现后，如果散户还在以所谓主力没有离场为由，给自己的犹豫不决找借口的话，那么这和胡乱猜测股市行情已经没有多大区别了。天气预报预报一个月后的某一天是晴天还是雨天，其准确率不会高；但如果只是预报明天是晴天还是雨天，显而易见，天气预报的准确率要高很多。预测股市行情也是类似的逻辑，我们预测明天的市场走势，至少有50%的正确率。预测1个月后甚至1年后的行情，理论上也是50%的正确率，但在如此长的时间跨度内，不确定因素太多，这已经超出通过科学预测手段的范畴，不过是单纯地看运气罢了。而在股市中，单纯凭借运气做交易的普通散户往往都会输得很惨。

投资务必保持理性。但在现实生活中，很多散户偏偏喜欢听各类炒股"大V"预测未来几个月甚至几年的股市行情走势。实际上，这些人不是在找答案，而是在找安慰，因为到头来吃亏的一定是自己。

第4章 静候主升浪的到来

主力运作一只股票往往分为4个阶段：建仓、洗盘、拉升、出货。在洗盘阶段和出货阶段，散户是很难赚到钱的。以洗盘阶段为例，主力要"洗"掉散户手里的浮筹，由此导致行情走势比较震荡，赚钱难度之大可想而知。出货阶段就更难赚钱了，主力都计划撤退了，散户怎么可能还有机会赚到钱？因此，我们想赚钱只能从建仓阶段和拉升阶段找机会，而拉升阶段又明显比建仓阶段赚钱容易一些。第2章讲的是在建仓阶段散户如何跟随波段主力赚钱，本章将围绕散户如何捕捉拉升阶段的主升浪行情展开论述。

4.1 必须"死啃"主升浪行情

在股市中，主升浪行情是指在一轮走势中，涨幅最大、涨幅时间持续最久的行情。这是投资者的主要获利阶段，我们绝对不能"踏空"。

4.1.1 巴菲特都必须遵守的规则——只"吃"主升浪！

股市如战场，这里不存在所谓"常胜将军"。即使是全球"股神"巴菲特,也有投资失败的至暗时刻。例如,在2008年金融危机期间,巴菲特的资产最大回撤率一度高达56%。然而,巴菲特丝毫没有动摇。此后,美股连续走出13年牛市,人们惊讶地发现巴菲特从那场金融危机中赚取了超百亿美元。

巴菲特之所以能成为身家近千亿美元的全球大"股神",主要源于他对人性的深刻领悟。巴菲特26岁时就已经明白,想要获得成功,就要克服人性中的负面因素。得陇望蜀和畏首畏尾是造成股价阶段性被高估与低估的重要因素。因此,他总结出了在股市中赚钱的规律:在别人激进的时候,"我"要警惕潜在的风险;在别人不敢前进的时候,"我"要大胆出击。此外,巴菲特还给自己定下了"只吃'鱼身',不吃'鱼头''鱼尾'"的铁律。

那么,什么叫只吃"鱼身"呢?在股市中,我们通常把投资盈利分为3部分:第一部分是"鱼头",就是我们经常说的抄底;第二部分是"鱼身",也就是主升浪行情;第三部分是"鱼尾",也就是收尾行情。显然,在这3种行情中,"鱼身",也就是主升浪行情的利润最丰厚,难怪巴菲特坚持只吃"鱼身"行情。

普通散户可以通过分析K线图预测主升浪行情的出现。一般情况下,K线走势图中的大阳线会有4种形态:持续下跌,震荡企稳,止跌回升,持续推升。前面两种形态基本属于震荡企稳的信号,股票不具备稳定上涨的条件,出现主升浪行情的概率较低。而止跌回升和持续推升的大阳线会在强势市场中明显出现,因此出现主升浪行情的概率较高。

我们应该重点关注在持续推升走势中出现的大阳线。因为股价在经历过震荡触底后,出现了明显持续攀升的趋势,但总体涨幅较为平缓,此时如果出现大阳线,不仅巩固了已经攀升的股价,还加快了股价的涨势,很可能出现主升浪行情。

4.1.2 为什么很多投资者始终走不出"赚小亏大"？

很多投资者都有这样一种通病：赚钱的股票拿不住，赚点小钱就想着"落袋为安"；赔钱时则一味死扛，坚信只要不"割肉"，就还有赚回来的机会。久而久之，"赚小亏大"就成了股市常态。

通过仔细观察，我们可以发现，这些投资者什么行情都想"一把抓"，完全没有投资规划，也没有抓住主升浪的意识。把自己宝贵的精力和资金浪费在"鱼头"或"鱼尾"行情中，不仅事倍功半，而且亏损的风险非常大。

笔者有一位朋友是股市小白。他刚入股市，就误打误撞赶上了医疗板块上涨的好时机，他选择了两只医疗股，建仓投入的本金虽然不多，但利润也足够当零花钱。但是自从2021年医疗板块发生震荡，他购买的两只股票一路下跌，不仅亏掉了利润，还亏进去了将近1/3的本金。他几次想要出货，可每次在快出货时，那两只股票又会微微上涨，但当他继续持股之后，这两只股票又开始走下坡路。反复几次，他不仅没有"割肉"成功，还因为想要抄底亏损了更多钱，至今仍然被套。

我们应该树立"死啃"主升浪行情的信念。因为主升浪行情利润最丰厚，而且投资者有可能以最快的速度赚到丰厚的利润，岂有不争之理？而对于那些"鱼头"或"鱼尾"行情，该下定决心割舍时，我们就要下定决心，不要因为一点微薄的利润就扰乱自己的所有投资计划，否则只会像笔者的那位朋友一样"赚小亏大"。

4.2 如何捕捉主升浪行情？

主升浪行情虽然听起来很诱人，但是它并不好掌握。如果股市中人人都能轻松捕捉到主升浪行情，那么所有人都可以通过炒股实现财富自由了。想要捕捉主升浪行情，我们首先要转换炒股思维，然后要选择最佳买点，最后要学会识别主力意图。

4.2.1 欲捕捉主升浪行情，必先解放交易思想

并不是每只股票都会出现主升浪行情，能出现主升浪行情的股票至少要满足两个条件。

第一个条件是前期已经完成建仓。也就是说，当散户看到这只股票的时候，其股价已经脱离了底部区域，可能处在中位或高位了。因此，散户需要从内心深处坦然接受高位买股票的现实。但问题在于很多散户已经养成惯性思维，一看到股票价格上涨，就不敢买入。在这种脆弱的交易心理的支配下，很多人总是在弱势股票中低位抄底，结果陷得越深。

第二个条件是主力在洗盘阶段控盘能力要强。如果主力控盘能力不强的话，很可能就没有后面的拉升阶段，洗盘也被迫变成出货。那么，散户该如何衡量洗盘阶段主力控盘能力的强弱呢？这就涉及一个非常重要的理念——承接。该理念是捕捉主升浪行情的核心思路，大约80%以上的波段牛股的主升浪行情都可以用这种理念识别出来。所谓承接，即有人愿意在股票下跌的时候托底，而不是任由它无止境地下跌。

根据上述两个条件锁定波段牛股的主升浪行情并不难，关键是我们必须

先解放自己的交易思想。既然走出"赚小亏大"的关键在于捕捉主升浪行情，那么为什么我们就不能勇敢地面对现实呢？

在波段主力建仓过程中，主力必然将股价拉升到一定程度，这种情况下"贪便宜"的想法是万万要不得的。只有我们接受了高位买股票的现实，才有可能拥抱主升浪行情，进而走出"赚小亏大"的尴尬境地。

4.2.2 选股最佳时机就是建仓后的洗盘阶段

很多散户总幻想着自己能够买在股价最低点，所以一看到主力开始建仓，就想尽早跟随入场。这种观念非常不可取。因为主力建仓期的行情属于典型的"鱼头"行情，其实就是主力先在前面探路，在初步拉升中会有一个洗盘过程。这样做的目的是分摊主力的建仓成本，同时把浮盈获利盘清洗出去，以减轻后面拉升股价的压力。所以，我们应该在主力洗盘结束后寻找买点，进而享受波澜壮阔的主升浪行情。

另外，主力的实力也有强弱之分，因此并不是说有了主力建仓的股票就一定会大涨。我们需要仔细观察主力洗盘阶段的细节，从中选取洗盘过程中震荡区间较小、洗盘时间略短的优质标的。震荡区间小，说明主力控制能力强；洗盘时间短，说明建仓主力的资金实力很强。反之，若洗盘时间过长，则很可能表明主力的资金实力较弱。

此外，主力洗盘通常不会跌破关键位，如最后一轮起涨点、第一轮洗盘低点。如果在洗盘过程中股价跌破关键位，就不能称为洗盘了，因为行情很可能就此结束。

4.2.3 如何甄别主力是出货还是洗盘？

在股市中，散户很容易将洗盘与出货混淆。这两种行为虽然形式相近，但目的与最终结果相差很多。

洗盘，顾名思义，就像洗衣服一样，洗去浮灰与污渍，让衣服亮丽如新。股市中洗盘的主要目的就是清洗多余的筹码，通过上下震荡的行情走势，使一部分散户抛出筹码，同时抬高剩余持股散户的持股成本，减少后期拉升压力。散户如果不被"洗"出去，几乎就会稳赚。

而出货从字面意义上看是卖出手中所持货物，即股票。出货一般是指主力在获利之后将手中筹码卖出，但主力也很有可能因在亏损后想要及时"割肉"止损而出货。无论是哪种情况，散户都要认真分析，避免高位接盘，被套。

那么散户究竟该怎样甄别主力是出货还是洗盘呢？

1. 不能把成交量作为判断依据

市场是由买卖双方组成的。任何一笔交易都一定是由买卖双方共同完成的。因此，根本不存在所谓"放量就是出货，缩量就是洗盘"的说法，这种思维本身就是错误的，如果将其作为甄别主力是出货还是洗盘的依据，迟早会酿成大错。

以一只股票某个交易日的成交量为例，买卖双方交易股票的数量、金额一定是完全相等的，因此成交量不能作为判断主力是洗盘还是出货的依据。

2. 透过承接判断主力是否在洗盘

前面在分析洗盘阶段主力的控盘能力时，曾经提到过"承接"这个理念。为了更好地理解这个理念，我们不妨试想一下以下3种情形：

（1）如果卖股票的人多，买股票的人少，行情会怎么走？

（2）如果卖股票的人多，买股票的人同样多，行情会怎么走？

（3）如果卖股票的人多，买股票的人更多，行情又会怎么走？

在第一种情形下，由于买股票的人少，行情只会继续下跌，直到买卖双方的力量达到新的平衡为止。因此，只要交易能够达成，双方交易股票的数量、金额必然是一致的。从成交量根本看不出哪一方力量更强，K线图上的股价最能说明问题。

在第二种情形下，买卖双方力量大致相等，在股价上的表现就是横盘，无明显波动。

第三种情形最值得关注，因为当买方力量超过卖方力量的话，有人就会买不到股票，所以股价只会上涨。

在分析完以上3种情形后，我们就可以给承接下定义了。什么是承接？承接就是在股票下跌的过程中，有人干预这件事，不愿意让股价继续下跌。

再回顾上面3种情形，第一种情形买方少、卖方多，属于没有承接的情形，所以股价只会继续下跌；第二种情形下买卖双方力量大致相同，虽然股价下跌，但至少处于"有人管，有人问"的状态，算是一种比较积极的现象，表现在股价上就是横盘状态；在第三种情形中，承接力量最为明显，卖股票的多，买股票的更多，甚至可能形成一种大家都抢着买的情形，所以股票只会继续上涨。

判断某只股票主力的控盘能力强弱，承接是一个核心指标。在洗盘过程中，承接力量越强，后面形成主升浪行情的概率越大；反之，若承接力量非常疲弱，那么就很难判断后面还有没有主升浪行情。

3. 高位放量与出货不能简单画等号

长期以来，很多散户几乎把"高位放量就是出货"当成交易的金科玉律。其实，这是一种认知偏差，体现的是人性中恐慌的一面。

第一，股票是不是处在高位，不是由普通散户一拍脑袋就决定的，而是整个市场多空力量博弈的结果。散户认为的高位并不一定是高位，后面股价可能还会涨得更高。反之，当我们认为某只股票跌无可跌时，很可能它还会跌得更多，港股中几百港元的股票跌到几元甚至更低的案例还少吗？

第二，大家要思考行情背后的逻辑是什么。以所谓高位放量为例，成交量本身说明不了问题，因为放量当天买卖双方交易的股票数量、金额都是相等的。我们需要重点关注的是，在高位放量后接下来的时间里，股价是在往更低走，还是横盘整理，或者继续上涨。如果是第一种情况，说明市场中没有承接力量，那就有可能是高位放量出货。当然，这个结论是走一步看一步，逐渐验证出来的，而非事先主观预测出来的。如果是第二种情况，也还算勉强可以，至少说明股市中存在着承接力量，只是没有达到理想的程度而已。第三种情形是最理想的，股价能继续上涨，说明前面的高位就不是高位，"天花板"之上还有"天花板"。

4.3 精心寻找牛股并静候其主升浪

牛股中的主升浪行情可以说是所有投资者梦寐以求的行情，但即使存在主升浪，能够把握住的依然是少数人。我们能做的就是提前找到牛股，静候其主升浪行情的到来。

4.3.1 优选具有主升浪潜质的牛股

不是所有股票都有机会走出主升浪行情。散户在炒股过程中，要借助若干限定条件，优中选优，这样才有可能挖掘出具有主升浪潜质的牛股。

第一，所选股票在前期要有明显的主力进场痕迹。散户一定要选有主力资金建仓的股票，那些没有资金关注的股票，很难走出像样的上涨行情。

当然，主力建仓的股票也要展开具体分析。如果在主力建仓过程中，股价处于时涨时跌的状态，成交量也参差不齐，那么说明主力实力有限，建仓比较犹豫，一直在自我"拉扯"。还有一种情况，那就是主力在建仓过程中没钱了，需要借钱继续建仓，再次建仓一段时间后又没钱了，再出去借钱建仓。总之，如果遇上"扭扭捏捏"的主力，散户要多加注意。

反之，如果主力建仓过程非常流畅，在K线图上显示为股价持续小阳线稳步上涨，那么后面的洗盘和拉升过程大概率也是顺畅的。

第二，主力建仓过程中，成交量要放出大量、堆量。比较理想的状态是，从主力低位建仓时起，成交量持续均匀放大，同时体现出"大"和"堆"两个特征。

第三，洗盘时主力的控盘能力强。

那么洗盘过程中，如何衡量主力控盘能力的强弱呢？我们主要从3个方面来衡量。

第一，洗盘时回调幅度小，回调时间短。

第二，强建仓短洗盘，弱建仓长洗盘。试想一下，如果主力在前面建仓阶段拿到了足够多的筹码，而且成本比较低，还有必要耗费很长时间洗盘吗？主力也会考虑为了防止夜长梦多，简单"洗"一下就够了，这就是强建仓短洗盘的原因。反之，如果主力建仓的时候"扭扭捏捏"，那么洗盘时间就会比较长，因为主力需要在慢慢摸索的过程中找到对策。因此，散户在炒股时应该尽量选择洗盘时间短的股票。

第三，洗盘不破关键位，包括最后一轮的起涨点以及第一轮洗盘的低点位置。

此外，散户应尽量从活跃板块中选取强势启动信号明显的股票，止损就设置在启动低点。

4.3.2　如何静候牛股的主升浪？

作为普通散户，我们应该如何静候牛股的主升浪呢？

（1）要站在机构视角做好必要的准备。

我们已经知道，主力建仓前会有一个准备阶段。主力会根据宏观大环境、股市整体形势和板块轮动态势，做出相对客观合理的判断。想要抓住牛股主升浪，普通散户也要认真做这些准备工作，要对国家宏观政策和产业政策，以及板块轮动态势有清晰的认识,这样才有可能从活跃的板块中找到有较大上涨潜力的股票。

(2)锁定目标股票后,紧盯主力的一举一动。

判断前面是否有主力进场的明显迹象的重点就是看成交是否放出大量,而且是连续堆量。如果成交量发出了明确信号,基本可以判定已有主力介入。但是这时并不是散户进场的理想时刻,散户要等主力发出强势启动的拉升信号后再进场。简单来说,这是一种大阳线战法。当我们看到放量大阳线,尤其是涨停大阳线时,就可以果断进场了。

同时,风控措施也必须到位,例如,可以将止损位放在启动低点。把好坏情况都考虑进去,并制定相应的预案,这样才叫投资。

4.3.3 透过具体案例看"建仓、洗盘、拉升"三部曲

本节我们将通过5个案例具体分析各种情况下的"建仓、洗盘、拉升"三部曲。

案例1:庄游合作打造主升浪行情

这是一只庄家与游资联手做局的股票,其"建仓、洗盘、拉升"的过程如图4-1、图4-2所示。

图4-1展示的是该股票建仓和洗盘的情况。不难看出,主力建仓的运作痕迹还是比较明显的,成交量表现为大量、堆量,股价从6元附近快速拉升至9.5元。随后的洗盘手法也比较凶悍,股价一度从9.5元跌至7.5元以下,但大部分时间还是守住了7.75元这个关键支撑位,并且股价重心在逐渐上移。在洗盘尾声,出现了一根放量涨停大阳线,使股价重新回到9.5元,这是主力建仓拉升阶段的高点,标志着主升浪行情的到来。

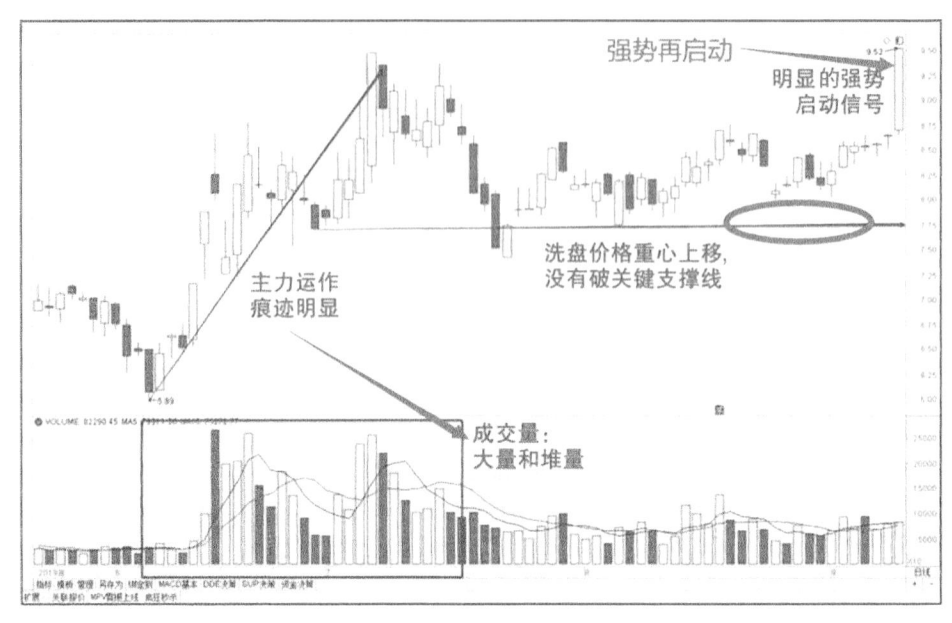

图 4-1 该股票建仓、洗盘

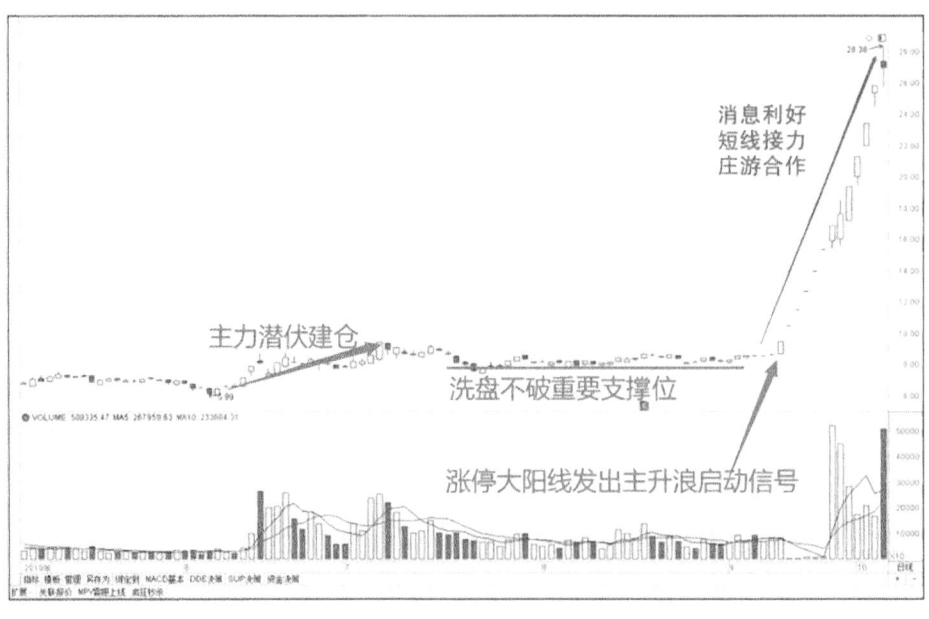

图 4-2 该股票建仓、洗盘、主升浪行情

图 4-2 主要展示了该股票壮观的主升浪行情。相比之下，前面主力潜伏建仓期以及洗盘阶段那点波动幅度就非常小了。从洗盘末期的涨停大阳线算

起,仅仅经历了短线十几个交易日,股价就从9.5元附近被拉升至28元左右,这波主升浪涨幅接近200%。这也再一次印证了"鱼身"行情的优越性,主升浪利润最丰厚,而且盈利速度最快。

案例2:星期六(002291)——主升浪行情猛如虎

星期六这只股票属于机构与游资联手做局,其建仓、洗盘、主升浪行情如图4-3、图4-4所示。

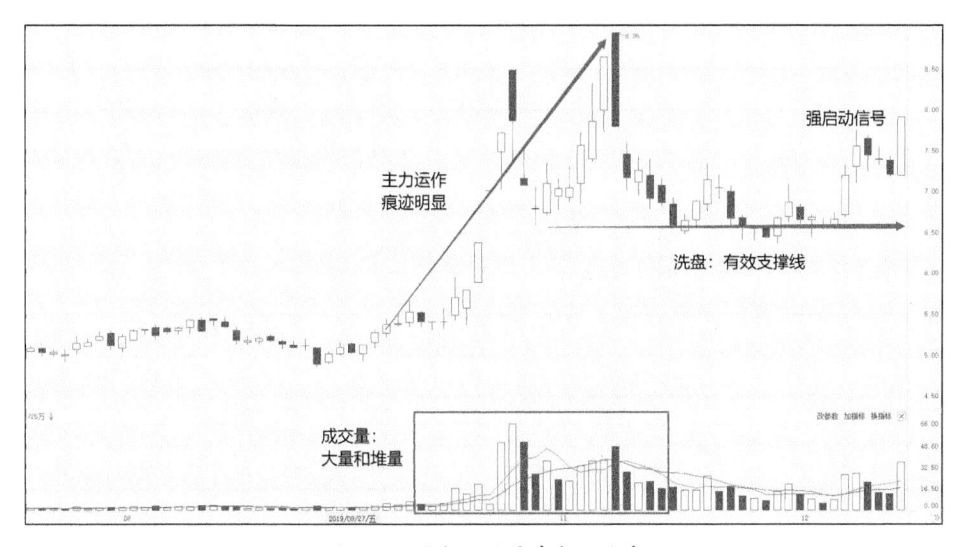

图4-3 星期六股票建仓、洗盘

从图4-3展示的建仓和洗盘情况看,主力建仓的动作相当大,不但成交量陡然放大,而且建仓期股价涨幅就已经接近1倍。当然,建仓之后的洗盘过程更凶狠,股价从建仓高点8.95元跌到6.4元附近,数次跌破有效支撑位6.75元。主力建仓时投入的成本非常高,洗盘更是大刀阔斧。当临近洗盘尾声时,还是以一根涨停大阳线标志着主升浪行情的到来。

从图4-4展示的情况来看,该股的主升浪行情实在太猛烈了,自从洗盘

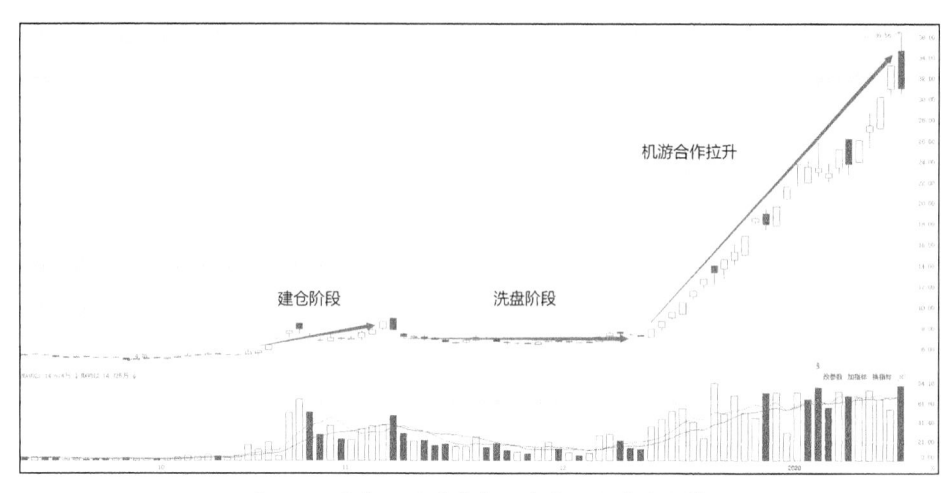

图 4-4　星期六股票建仓、洗盘、主升浪行情

末期出现涨停大阳线之后，股价如脱缰野马一般向上飞腾，经过了短线24个交易日，从8元下方被拉升至36.56元，这波主升浪涨幅高达350%。这也再次验证了主升浪的利润是何等丰厚，赚钱速度又是何等之快。

当然，如此短时间内出现这么大的涨幅，同样离不开主力之间的合作。该股这波主升浪行情是机构与游资携手打造的。除了机构，游资的实力也至关重要。关于游资的即时动态，大家可以通过每天的个股成交龙虎榜进行查询。

案例3：国电南自（600268）——主升浪没有那么耀眼

国电南自的情况与股票星期六类似，都是中盘股，也都是机游合作打造主升浪行情。其建仓、洗盘、主升浪行情如图4-5、图4-6所示。

从图4-5的情况看，主力建仓期股价拉升幅度不小，从4元左右上涨到6元左右，将近50%的上涨幅度，但是成交量放大幅度不是特别突出。虽然洗盘阶段的股价一直在有效支撑位之上，但主力吸筹似乎不是特别充分，这与洗盘的透彻程度有关。

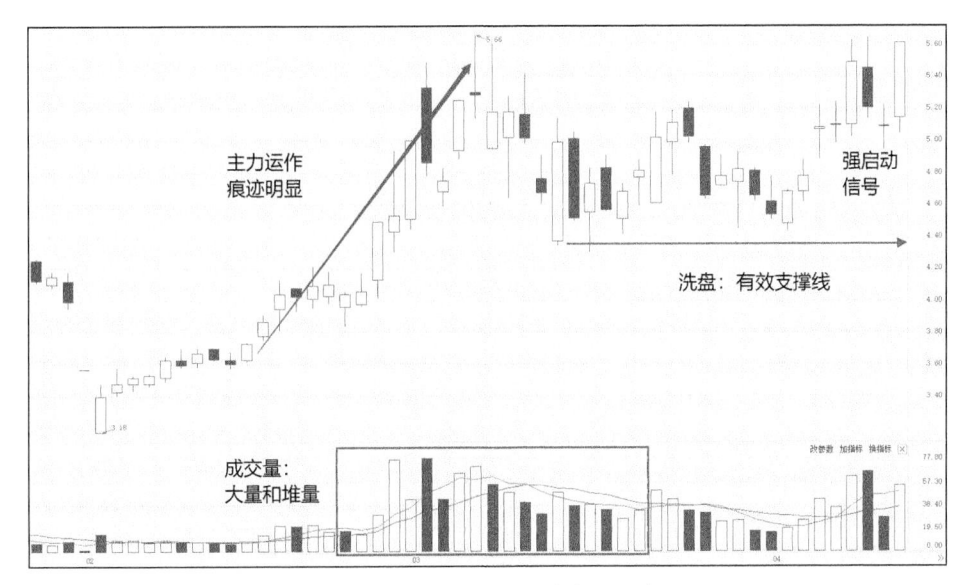

图4-5 国电南自股票建仓、洗盘

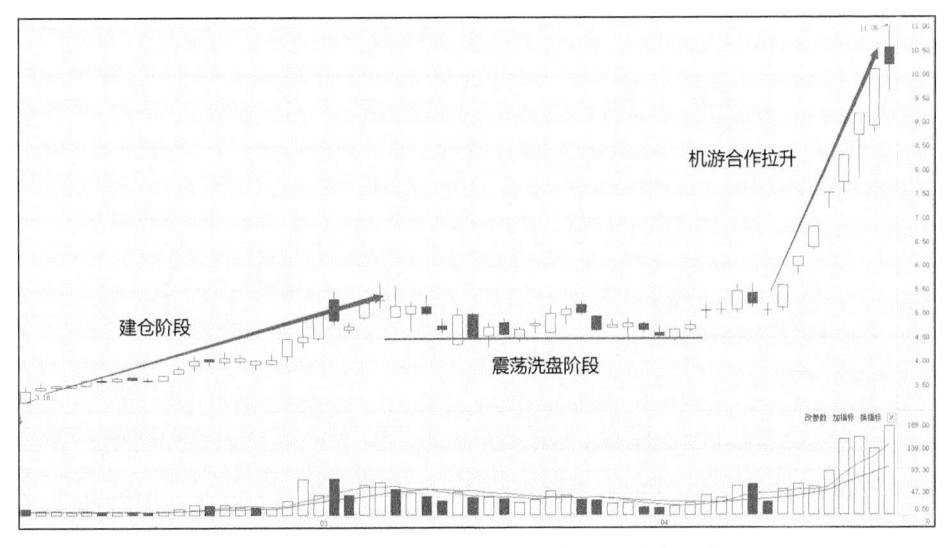

图4-6 国电南自股票建仓、洗盘、主升浪行情

从图4-6展示的主升浪行情看，涨幅在1倍左右，远不如股票星期六。短线行情就像一台投票机，主要受投资者情绪的影响，我们很难对某只股票的短线股价做出精准预测。

案例4：西藏药业（600211）——建仓期抢了主升浪风头

西藏药业的行情演变比较特殊，这只股票从2018年初到2020年初一直处于潜伏底小幅震荡状态。主力机构先是在2020年前4个月悄悄低吸了一部分筹码，进入5月后选择高举高打强势建仓。其建仓、洗盘、主升浪行情如图4-7、图4-8所示。

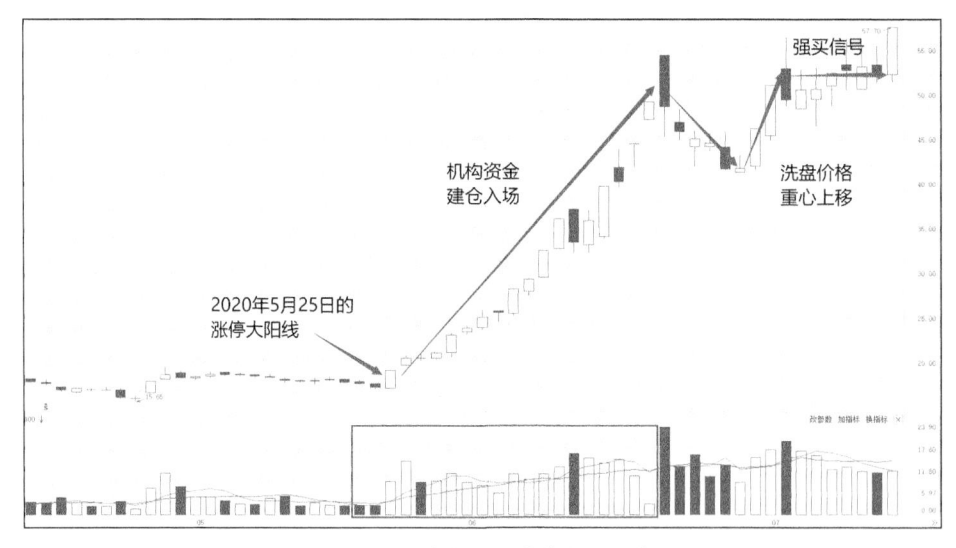

图 4-7　西藏药业股票建仓、洗盘

从图4-7中我们可以看到，随着2020年5月25日的一根涨停大阳线出现，主力正式拉开了建仓的序幕。西藏药业的股价从17元左右起步，不到20个交易日就逼近54元，建仓阶段的股价涨幅高达218%左右。这种发展形势基本注定了其脉冲式上涨的结局。

通过图4-8我们不难发现，西藏药业在建仓阶段的涨幅已经相当大了。在洗盘阶段，股价回调空间比较有限，洗盘时间也很短。在这种情况下，主升浪行情非常值得我们期待。然而，股市始终遵循一个最基本的规律，那就

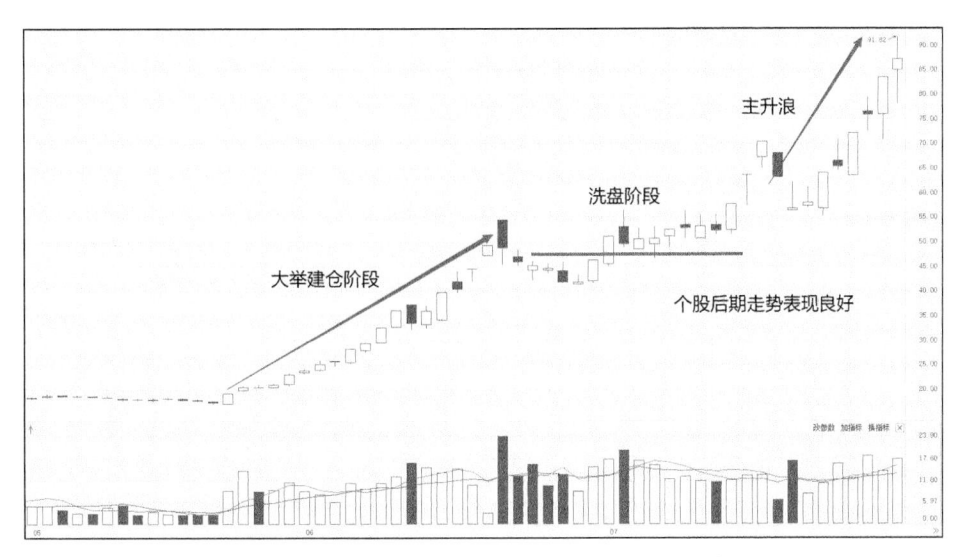

图 4-8 西藏药业股票建仓、洗盘、主升浪行情

是只要公司基本面没有特别重大的利好或利空，股价一定会涨多了跌、跌多了涨，这一点毋庸置疑。

2020年7月13日，随着又一根涨停大阳线的出现，洗盘阶段宣告结束，主升浪行情到来。然而，由于建仓阶段消耗了大量的上涨动能，这波主升浪涨幅没有建仓阶段那么大。到了2020年8月4日，西藏药业的股价最高涨到137.34元，最大涨幅在167%左右。需要注意的是，这波主升浪与当时上证大盘的强势突破是同步发生的，加速赶顶的意味非常明显。而创下137.34元高点后，西藏药业整整两年持续下跌，无缘参与其间的价值白马股、赛道股、周期股"盛宴"。

案例5：中船防务（600685）——建仓期抢了主升浪风头

中船防务这只股票的主力的运作中规中矩，没有出现西藏药业那种建仓期涨幅超过主升浪的情况。中船防务的关注重心应该放在建仓之后的主升浪。中船防务的建仓、洗盘、主升浪行情如图4-9、图4-10所示。

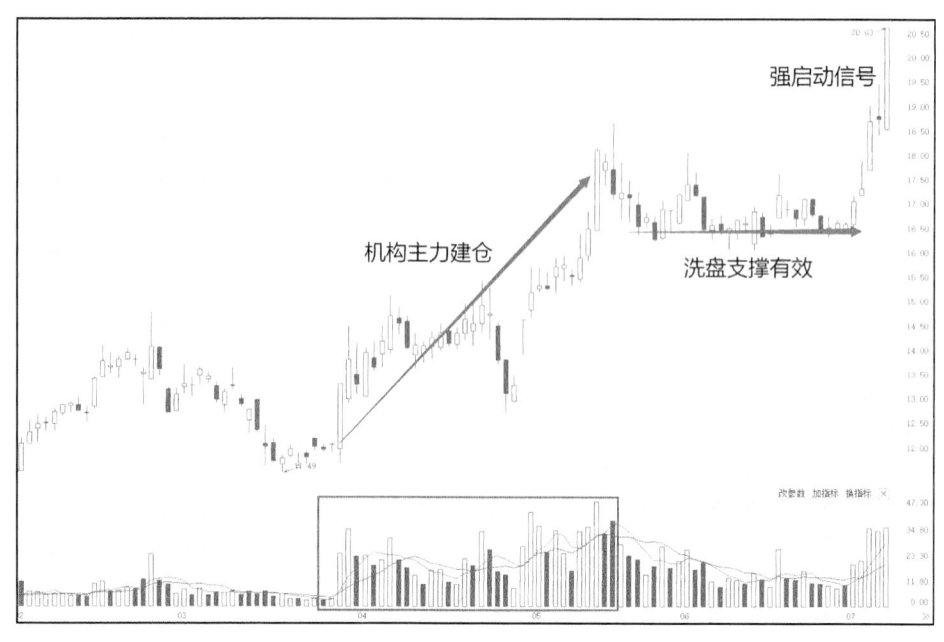

图 4-9　中船防务股票建仓、洗盘

从图 4-9 来看，主力在运作中船防务这只股票时，在建仓过程中就展开了凶狠的洗盘，所以建仓成本并不是很高，股价仅从 12 元以下拉升到 19 元左右。建仓之后的洗盘也比较温和。

从图 4-10 来看，中船防务洗盘后的主升浪行情还是比较顺畅的。其股价从 21 元附近一路快速拉升，短短 10 多个交易日就涨到 45 元左右，中间还经历了快速小洗盘。这种主升浪行情不出现则已，一旦出现便如脱缰野马一般，好比跑马拉松到了冲刺阶段。

中船防务的股价自从 2020 年 7 月创下 45 元左右的高点后，连续两年回落。我们一旦错过主升浪行情，就会进入下一个漫长的等待周期。捕捉利润最丰厚的主升浪行情，对投资者的素质的要求非常高：一是要能等，机会未到不要轻举妄动；二是如果主升浪行情真的来了，我们要敢于出击；三是密切关注行情变化，在"退潮"信号出现时，我们要果断离场。

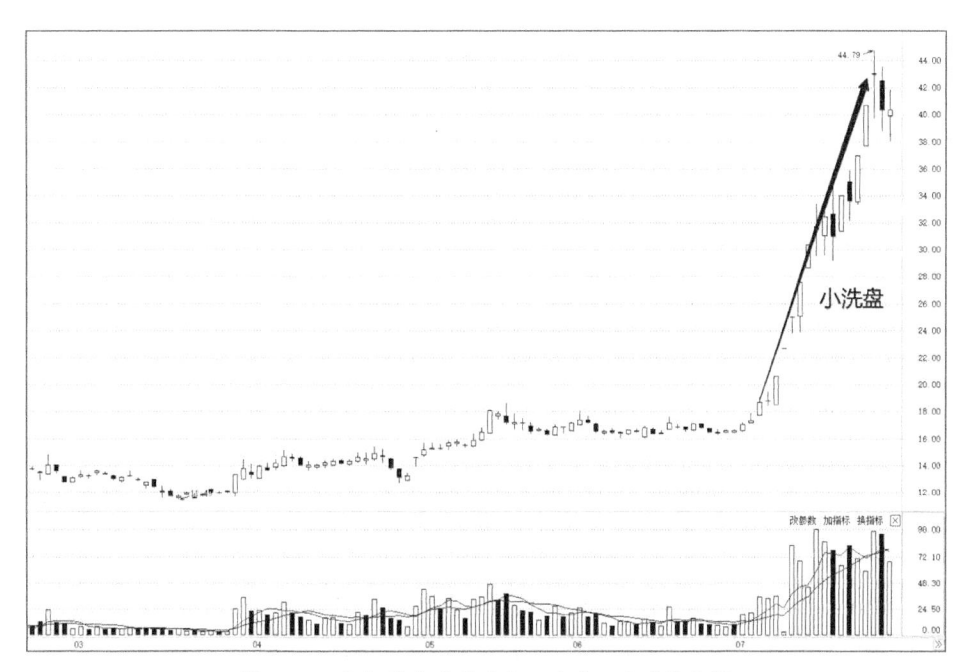

图4-10 中船防务股票建仓、洗盘、主升浪行情

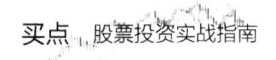

第 5 章　"狙击"主升浪启动点

在第 4 章中,我们结合大量的具体案例,阐述了捕捉牛股主升浪行情的重要意义。试想一下,如果在非常短的时间内,我们就能够攫取一只股票最丰厚的利润,那么这笔投资就是十分有价值的。

我们要思考一个非常具体的战术问题,即如何才能精确"狙击"一只牛股的主升浪行情。显然,最理想的模式就是买在主升浪行情的启动点。要想做到这一点,我们必须将洗盘这个环节研究得十分透彻,包括主力洗盘的目的、洗盘的常用手法以及洗盘各个阶段的特征。

5.1　深入了解主力洗盘的目的及其手段

只有深入了解了主力洗盘的目的和手段,我们才能把握主力的动向,才可以预测到主升浪行情出现的时间,找到适合的买点。

5.1.1　主力洗盘的目的

股票市场的本质是财富再分配场所,其基本生态就是"大鱼吃小鱼",

充满竞争。主力建仓结束后，必然要进行洗盘。洗盘的目的主要有以下两个。

（1）借助洗盘将那些意志不坚定的人"洗"掉，而不是单纯地把筹码"洗"出去。如果不将浮动的散户"洗"出去，就会增加主力后期拉升股价的难度。因为那些意志不坚定的人，在后期一看到股价拉升就会有获利了结的冲动，即看到股价拉升就立刻卖出手中的筹码。

那些散户不是不想赚更多的钱，而是他们看到有钱可赚就拿不住股票了，这是人性的弱点。所以，为了防止那些意志不坚定的人成为后期股价拉升的阻碍，主力建仓后就必须通过洗盘将他们"洗"出去。那么，哪些人的意志不坚定呢？主要是做短线的人。试想一下，普通散户会在什么情况下坚定持仓呢？答案是在亏损的时候。因为在赢利的时候，他们看到蝇头小利就想落袋为安。

（2）借助洗盘拉高散户的成本。当意志不坚定的散户被"洗"出去之后，从他们手中"洗"出的筹码又会转移到另一批新进场的散户手中。在洗盘初期就交出筹码的散户，在后期看到股价上涨会作何感想呢？他们中的大多数人在后期看着股价上涨，也不敢再高价买回来了，因为他们担心买回来会是高位接盘，砸在自己手里。即使少数心理素质过硬的散户将抛掉的筹码再接回来，持仓成本也会增加不少。总之，市场中散户的平均持仓成本在不断地提高，这就为主力在后期高位出货做好了铺垫。

对于散户来说，洗盘确实是一个痛苦的过程。很多人都很讨厌洗盘，只盼望着行情一路上涨，自己随便"上车"就可以"躺赢"。然而，天下没有这种美事。这就好比一个人每天吃饱饭后需要通过适当的活动来消化腹中的食物，主力运作股票也是同样的道理。建仓吸筹是需要成本的，主力建仓阶段不管多么低调地潜伏，也要把股价适当拉升一些，否则散户不会将筹码交出来。洗盘这个环节是必须有的，否则何来后期的主升浪行情？

普通散户捕捉主升浪行情，就是抱着"吃"一只股票的"鱼身"行情的心态。所以，我们一定要把洗盘这个环节彻底研究透彻。当拉升信号出现后，我们就可以果断出手，从而精确"狙击"主升浪行情。

5.1.2 洗盘的基本手段

清楚了主力洗盘的目的后，我们就要对主力洗盘的手段有一个基本认识。在主力刚刚展开洗盘的时候，被"洗"出来的散户数量是多还是少呢？答案是洗盘前期被"洗"出来的散户数量比较多，大概70%的散户都是这时被"洗"出来的，剩下的会在洗盘中后期被主力"洗"出来。

清楚了这个比例后，我们就不难对主力洗盘手段做出判断。洗盘之初，主力往往通过使股价恐怖式下跌，击穿大部分散户的心理防线，让他们交出筹码。到了后期，主力会通过漫长的横盘震荡，将剩下那一小部分散户的耐心磨掉，从而使他们交出筹码。

由此可见，主力洗盘主要用两种手段：一是下跌，二是横盘。这两种手段都是对人性的考验。

（1）下跌。下跌利用的是人性中恐惧的一面。下跌力度越强，越能震出更多胆小的投资者。良性的表现是：下跌速度逐渐变慢，下跌角度越来越平缓。下跌的时候成交量缩小，反弹的时候成交量放大。

投资者进入股市是为了赚钱，极少有人能坦然面对亏损。所以，主力要通过打压股价，从散户手里抢夺低价筹码，只要打压股价的力度得当，就很容易在散户中形成从众效应。

（2）横盘。横盘就是股价在一个区间内反复震荡。良性表现是：震荡区间越来越小，股价重心逐渐上移，成交量也慢慢萎缩。大多数人进入股市，不仅希望赚钱，而且希望赚快钱。横盘就是消磨散户的投资热情，散户失去耐心时，自然会把宝贵的筹码交出去。而且，资金实力越小的散户，越倾向于赚快钱。但现实就是这样"骨感"，这些散户不但赚不到快钱，还有可能因为耐心不足而亏损。

从主力的实际运作过程看，洗盘的具体模式有以下几种。

（1）"下跌+横盘"组合。即先通过股价下跌在散户中制造恐慌，在散户好不容易扛过下跌、心里非常盼望股价回涨时，主力又采取横盘的策略。这样，即使散户没有被下跌的恐慌击倒，耐心也会承受严苛的考验。

（2）"横盘+横盘"组合。从"杀伤"力度看，这属于相当温和的洗盘模式。但是，这对散户的耐心是一个极大的考验。不只是赔钱会让人揪心，很多时候不赔不赚更让人难受。时间一长，散户受不了横盘的折磨，就会把宝贵的筹码在低位抛掉。"横盘+横盘"式的洗盘，往往出现在股票大市上升的时候，因为在大市上升时，股市处于最活跃的阶段，股价几乎全面上涨。如果此时主力开始横盘式洗盘，会有很多散户失去持股耐心，纷纷抛售筹码。

（3）"下跌+下跌"组合。这种洗盘模式最凶狠，可能会让散户内心崩溃到怀疑人生的地步。然而，这种洗盘模式下的主升浪潜力往往是几种模式中最大的。因为赚大钱的永远是少数人，正因为大家都不看好，上涨空间才可能出乎所有人意料，直到将后知后觉者套在最高处，"游戏"才会结束。

（4）"边拉边洗"。即主力在拉升股价的同时进行洗盘。具体操作方法是先将股价拉高，停止做多。此时短线的升幅已经不小了，主力接下来会在高位抛出少部分筹码，使股价回落，但总体保持上涨的趋势，吸引散户进场。这个过程使筹码完成了交换，为日后的股价拉升减轻了压力，一举多得。

"边拉边洗"的最大特征是化整为零，散户能够自由交换筹码。如果我们接受了这种洗盘方式，可以在主力停止做多的时候先行退出，在股价回落的时候重新进入。相比于凶狠的"下跌+下跌"式洗盘，这种洗盘方式对于新手来说很友好，不会亏损太多，甚至有可能小赚一笔。

5.2 洗盘的结束信号

洗盘通常没有固定时限，如果按照经验判断洗盘的结束时间，很有可能吃大亏。所以作为普通散户，我们要重点关注洗盘的结束信号，以此来决定下一步是否要进场。

5.2.1 洗盘结束的信号都有哪些？

一般情况下，判断洗盘是否结束的信号主要有以下两类。

1. 股价势能变化

洗盘结束的具体表现：下跌幅度减缓，成交量明显萎缩。

股价下跌幅度减缓比较好理解。到了洗盘后期，能被"洗"出去的人越来越少，主力没有必要大起大落地折腾了，所以股价下跌幅度自然减缓。

成交量萎缩则相当复杂。当洗盘接近尾声时，成交量确实会出现明显萎缩。但是，成交量萎缩只是洗盘结束的必要条件，而非充分条件。换言之，仅仅通过观察成交量变化，我们并不能确认主力是洗盘还是出货。因为在主力刚开始洗盘的时候，"洗"出来的人是比较多的，此时释放出来的成交量也比较大。

很多人在识别股票好坏时有一个认知误区，即上涨放量和下跌缩量的股票就是好股票。实际上，股市中80%以上的股票都是上涨放量、下跌缩量，这与股票好坏无关，主要与人性的弱点有关。在上涨过程中，大家都能赚钱。而赚钱之后，投资者自然开心，继续买股票的热情会比较高，有可能拿出更多的本金投入股市。这就导致市场行情越走越好，成交量自然就会变大。

下跌缩量也同样与人性的弱点有关。因为下跌会导致投资者普遍亏钱，而亏钱之后的投资者内心会比较难受，再买股票时就会比较谨慎。当这种小心翼翼的态度在市场蔓延之后，买股票的人会越来越少，股价就会持续下跌。而股价越跌，买的人就越少，成交量自然就会萎缩。这也揭示了一个现象，那就是在洗盘初期和出货初期，从成交量上看不出二者具有明显不同。

下面我们通过两个案例具体讲述如何通过股价势能变化判断主力洗盘结束。

案例1：股票甲股价势能变化趋势

从图5-1来看，股票甲洗盘阶段经历了A、B、C三波下跌行情，但一波比一波下跌角度平缓，而且对应的成交量明显萎缩，这些都是洗盘结束的信号。

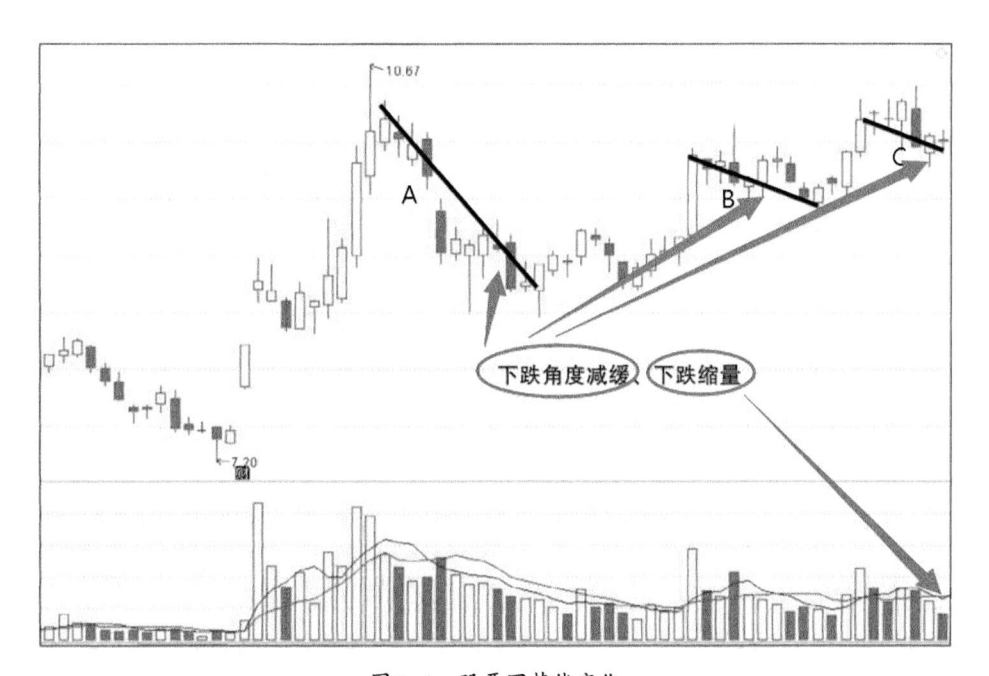

图5-1 股票甲势能变化

案例2：股票乙股价势能变化趋势

从图5-2来看，股票乙的洗盘过程要相对短暂一些，主要经历了两轮下跌。第二轮下跌明显比第一轮平稳，而且每轮下跌中成交量都呈缩量状态。

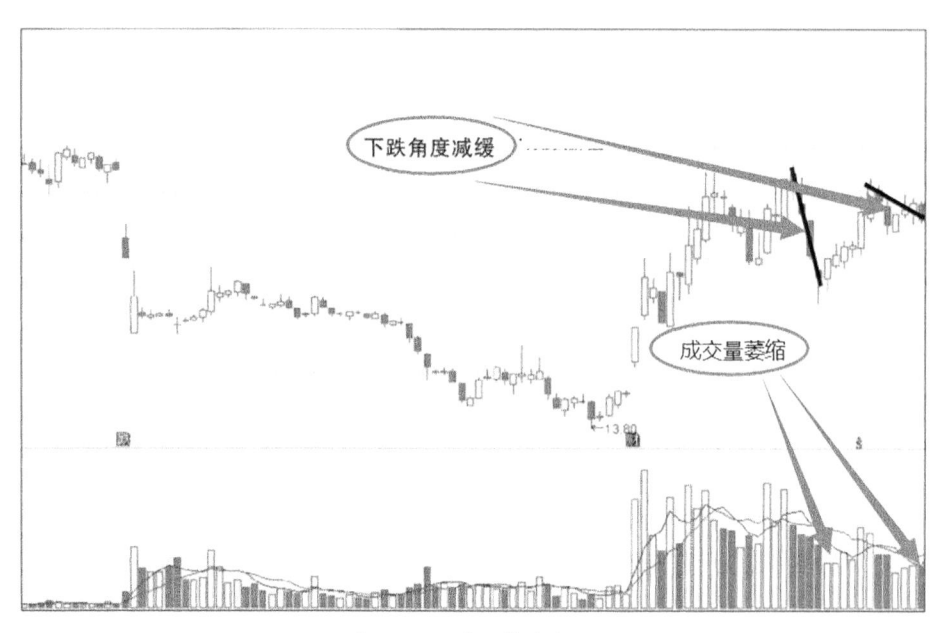

图5-2 股票乙势能变化

2.K线运动轨迹图

洗盘结束的具体表现：K线越来越小，且在区间内震荡；震荡区间越来越小；价格重心逐渐上移。

随着洗盘的持续展开，K线实体和震荡区间自然会越来越小。因为洗盘之初大起大落的行情已经把大部分意志不坚定的散户都"洗"出去了，后面就没有必要大幅度洗盘了。在这种情况下，K线实体和震荡区间都会越来小。然而，这不等于洗盘结束了，价格重心是否在慢慢上移也是一个重要的指标。

下面我们通过两个案例具体讲述如何通过K线运动轨迹图判断主力洗盘结束。

案例3：股票丙K线运动轨迹

通过K线运动轨迹图来解读股票丙的洗盘过程，同样可以得出洗盘接近尾声的结论。从图5-3来看，股票丙的K线越来越小，在区间内震荡，而且震荡区间也越来越小。最重要的是，股票价格重心在不停地上移。综上所述，洗盘接近尾声的信号已经非常强烈了。

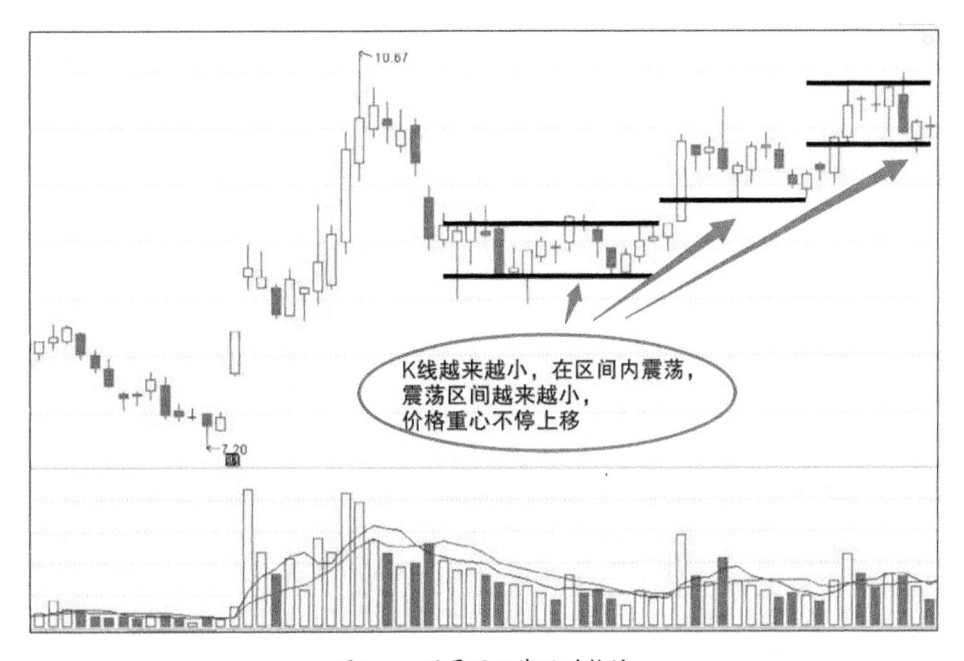

图5-3 股票丙K线运动轨迹

案例4：股票丁K线运动轨迹

股票丁的K线运动轨迹图非常清晰地显示，洗盘已接近尾声，震荡区间在变小，而且价格重心在上移，如图5-4所示。

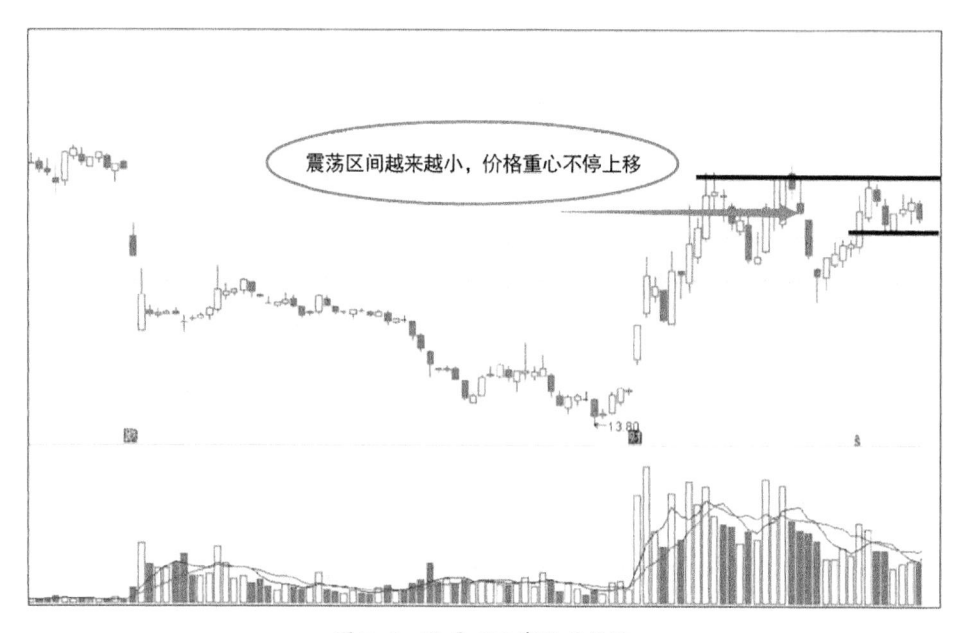

图5-4 股票丁K线运动轨迹

5.2.2 出现洗盘尾声信号后，能马上进场吗？

很多散户认为，既然洗盘结束的信号出现了，那自己就可以进场建仓了。这是错误的想法。出现洗盘尾声信号后，我们不能马上进场。因为出现洗盘尾声信号并不代表洗盘结束，拉升行情不一定会马上到来，我们必须耐心等待拉升启动信号出现。

下面以某股票的洗盘过程为例，通过两个观察视角，即股价势能变化视角和K线运动轨迹视角，分别说明当出现洗盘尾声信号后，如何锁定进场时机。某股票股价势能变化如图5-5所示。

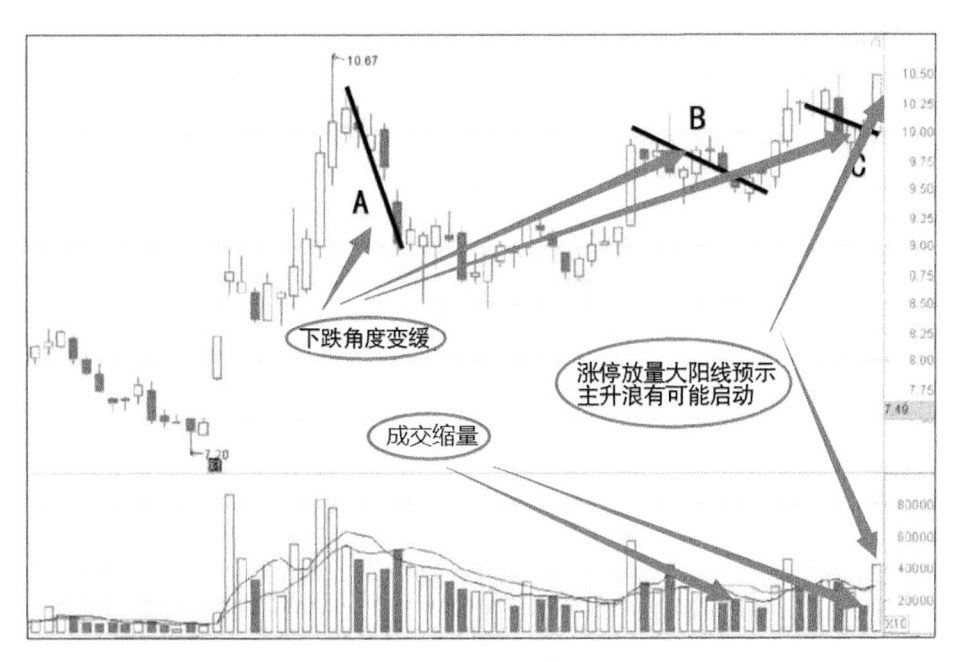

图5-5　某股票股价势能变化

通过图5-5，我们可以看到，在经历了3轮幅度越来越平缓的下跌后，K线图出现了一根放量的涨停大阳线。从理论上来说，这就是主力启动主升浪的信号，这时我们就可以进场捕捉主升浪了。当然，投资中没有100%确定的事情，如果后续走势出现意外，我们还是要有及时止损的意识。该股的K线运动轨迹如图5-6所示。

在该股的K线运动轨迹图上，我们同样可以感知到洗盘结束的信号。随着一根放量涨停大阳线的出现，进场信号就很明确了。

笔者根据自己多年在投资市场中的亲身经历，总结了一些经验。

（1）但凡重要的机会，都是凭耐心等出来的。

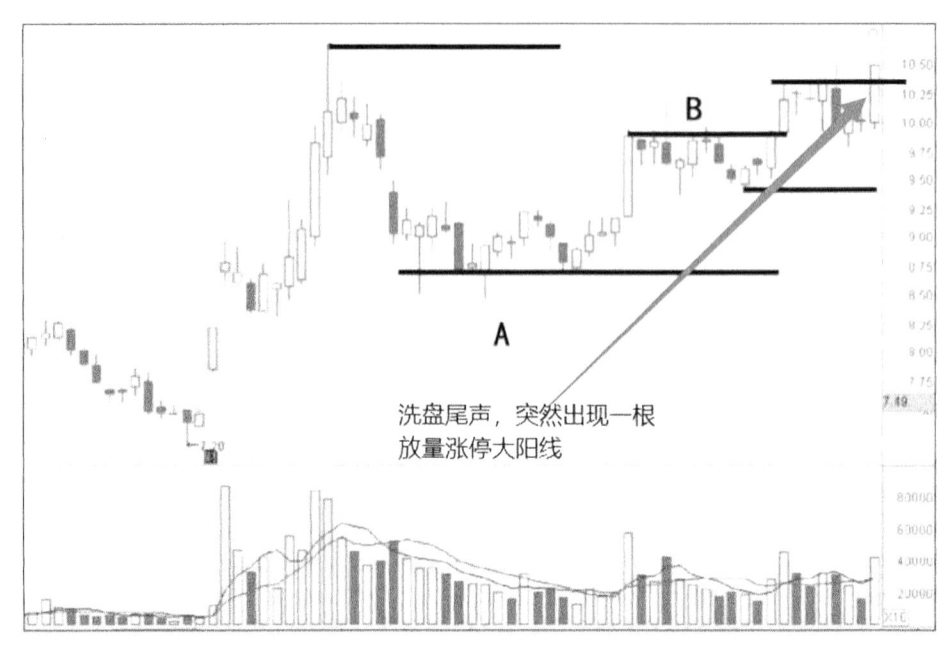

图 5-6　某股票的 K 线运动轨迹

（2）只有精准"狙击"主升浪行情的启动点，散户才能用有限的时间换取相对较大的利润空间。

（3）很多散户总担心错过机会，认为晚"上车"就无法获得高利润，实际上这种担心是多余的。因为股市中永远不缺机会，缺少的是发现机会的慧眼，更缺少那份等待机会出现的耐心。退一步讲，即使错过了这次机会，还会有下一次机会，只要能耐心钻研，我们就能精准"狙击"到主升浪行情的启动点。

5.3　买就买在主升浪行情启动点

本节将具体介绍主升浪行情启动点的意义，以及我们应当如何识别股价拉升的信号。如果能够将下面的知识融会贯通，在经过几次实践之后，相信读者就可以总结出更适合自己的方法。

5.3.1 为什么要买在主升浪行情启动点？

买股票要买在主升浪行情启动点的原因有二。

一方面，一只股票的主升浪行情就好比一条鱼的鱼身，盈利最为丰厚，所以把精力放在主升浪上非常值得。

另一方面，主升浪行情往往走得非常迅速，甚至稍纵即逝。散户不能进场过早，否则耐心会被提前消磨完。散户也不能进场过晚，因为主升浪行情一旦启动就会非常快，甚至出现逼空式上涨。散户越晚进场越不敢买，行情也会涨得越凶，等好不容易下定决心买入，行情往往也到头了，等待散户的就是高位接盘被套的结局。

因此，散户必须在洗盘结束后，而且是主升浪行情拉升的初期迅速出击，从而买在起涨点。相比之下，主升浪的启动信号比较好判断，难点在于对洗盘过程的判断。因为只有洗盘结束，主升浪才可能到来。

下面以中船防务（600685）主力建仓、洗盘、主升浪拉升为例，整个过程如图5-7所示。

图5-7涵盖了主力机构建仓、洗盘、主升浪拉升的过程，我们可以直观地看到，主升浪阶段确实是利润最丰厚、赚钱最快的行情段，所以我们必须重视。

当然，在主升浪拉升过程中，主力为了减小继续拉升股价的压力，还可能会进行一次或数次小洗盘。如果我们要想买在主升浪行情的启动点，就必须将洗盘阶段研究透彻，精确地捕捉洗盘结束的信号。在此基础上，只需要耐心等待主升浪启动信号出现就可以了。

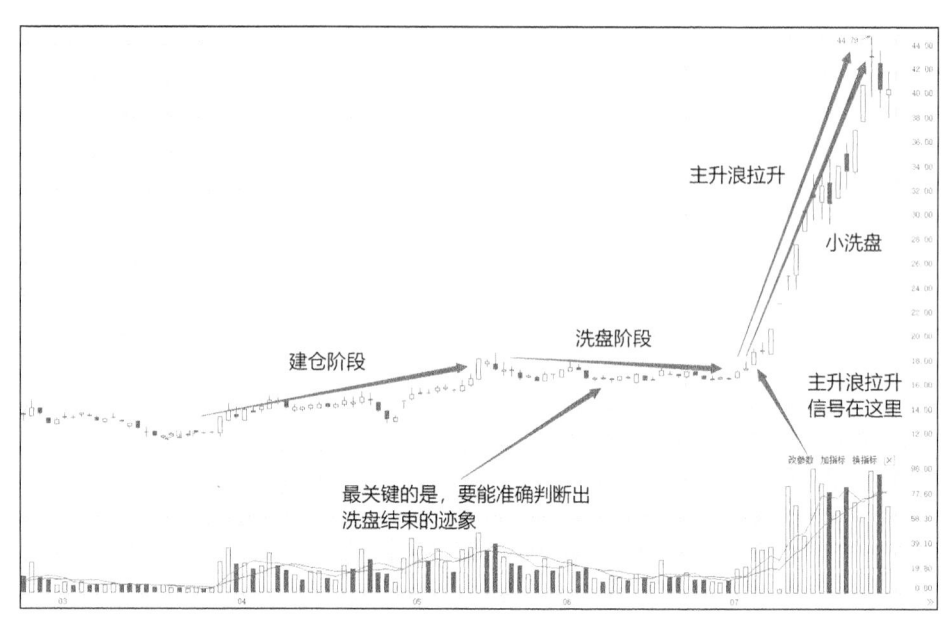

图 5-7　中船防务主力建仓、洗盘、主升浪拉升过程

5.3.2　如何识别启动拉升信号？

主升浪出现启动拉升信号时，通常会有一些明显特征，如成交量相比之前的小量明显放大，股价突破价格重心区以及震荡区间。如果能够伴随突破加速上涨使K线角度变陡，出现大阳线就更理想了，尤其是突然下跌又拉回的大阳线，突破了下跌的起点，启动信号就更明确了。

当然，上述特征未必同时出现，但同时特征出现得越多，启动拉升信号的可信度就越高。

下面通过两个案例具体讲述我们应当如何识别启动拉升信号。

案例1：股票甲启动拉升信号及其后续主升浪行情

图5-8中，一根放量涨停大阳线，一举突破了股票甲的价格重心以及洗

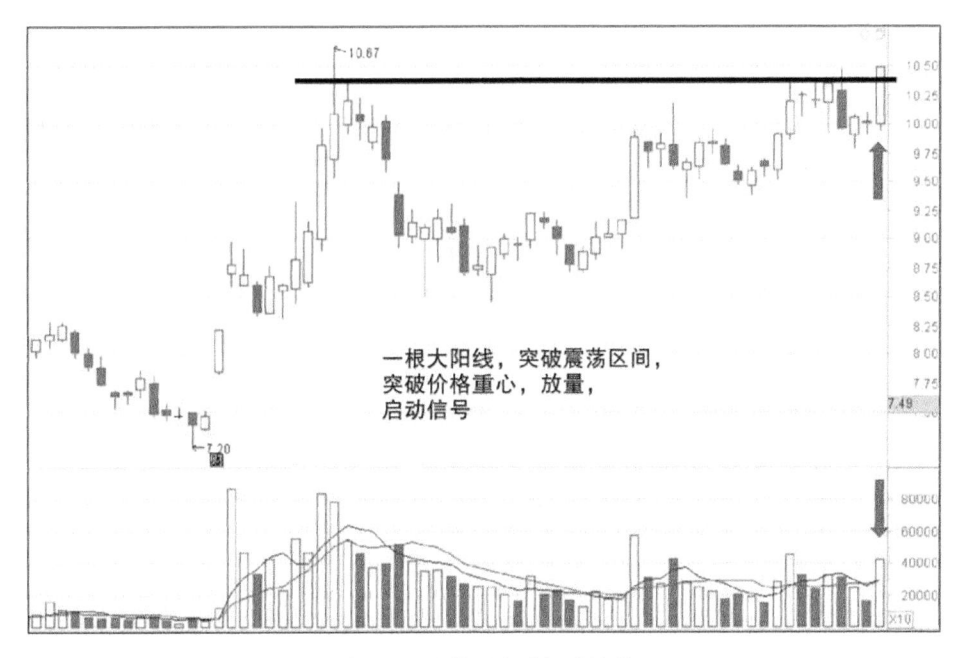

图5-8 股票甲启动拉升信号

盘震荡区间,而且股价重心平稳上移的特征非常明显,这些构成了再明确不过的启动拉升信号。散户可以立即进场,后续行情如图5-9所示。

图5-9中,一根关键位置的放量涨停大阳线出现后,股票甲走出一波急速拉升行情。此时立刻进场介入的投资者可以在非常短的时间内获取极为丰厚的投资收益。

案例2:股票乙启动拉升信号及其后续主升浪行情

图5-10中,股票乙在洗盘接近尾声时,出现了一根放量大阳线,同时突破了价格重心和震荡区间,而且K线角度也在变陡。这些都清晰地表明启动拉升信号出现了,散户可以选择在此时进场。主升浪行情如图5-11所示。

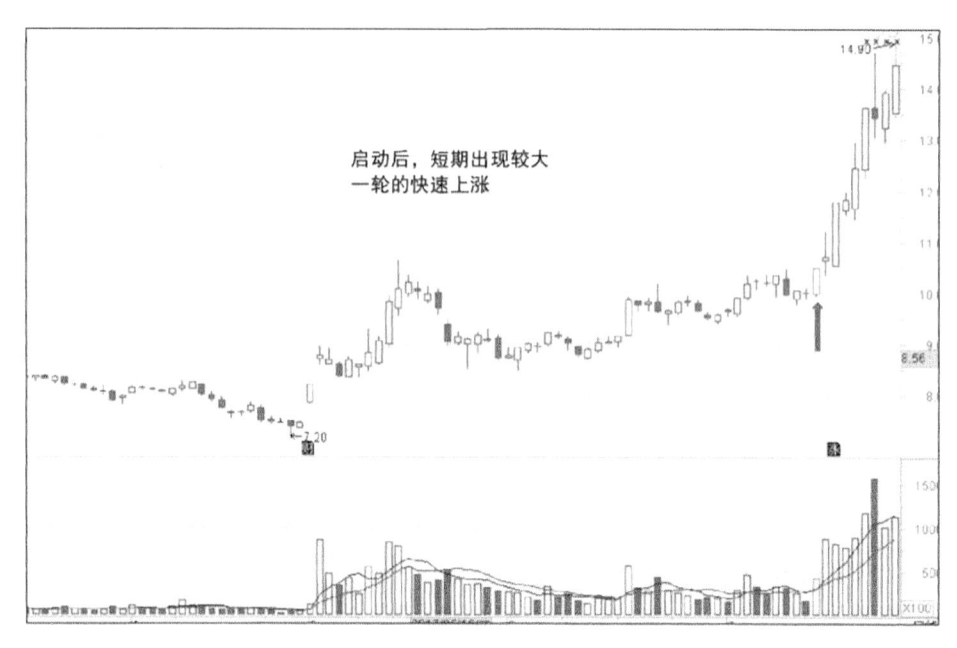

图5-9 股票甲后续主升浪行情

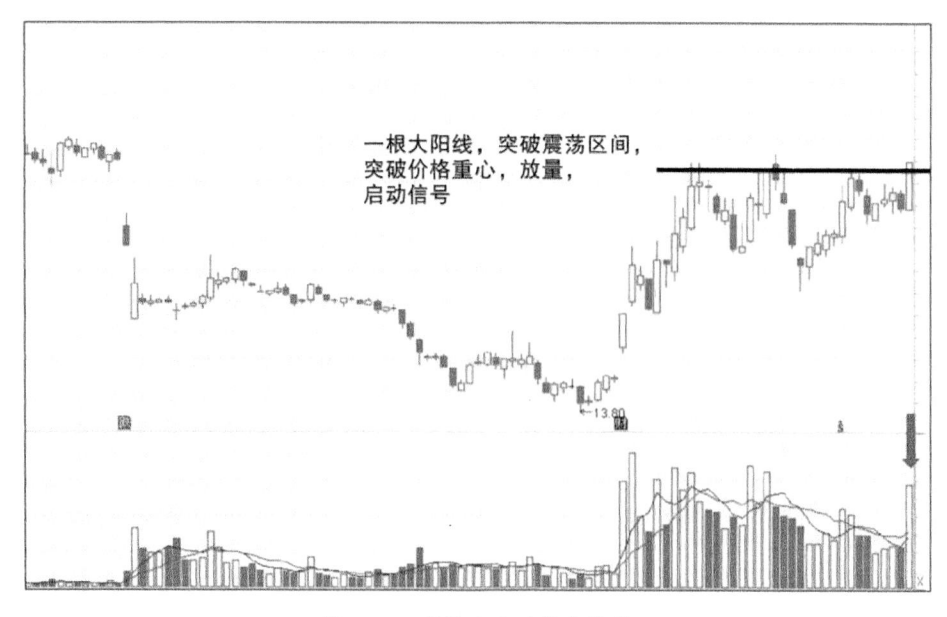

图5-10 股票乙启动拉升信号

图5-11中，在那根标志着洗盘结束的放量涨停大阳线出现后，一轮波澜壮阔的主升浪行情出现了。由此可见，在股市中，只要我们能耐心等待，就一定会有所收获。

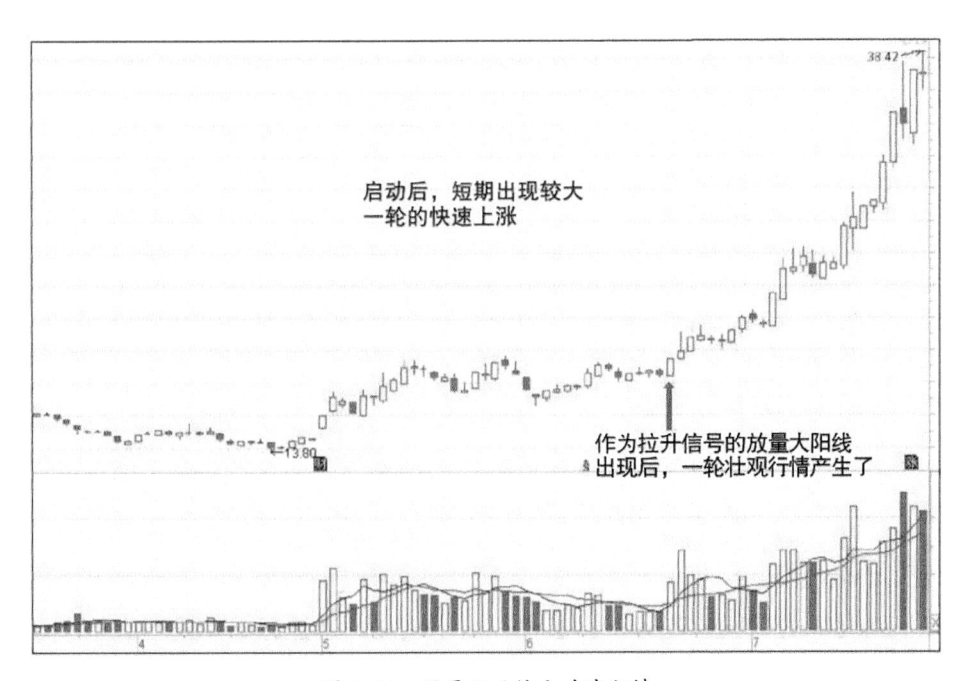

图5-11 股票乙后续主升浪行情

第 6 章　乐享机构游资"共舞"

一般情况下，一段完整的主升浪行情是机构与游资携手打造的，机构运作行情的前半段，后半段则交给游资。因为机构资金量非常大，很难在拉升股价后实现快速撤退，所以更精彩的主升浪后半段行情往往由更灵活的游资主导。在机构与游资交棒的过程中，必然留下一些痕迹，这也使得散户享受机构与游资"共舞"行情成为可能。当然，除了掌握相关的技术分析手段，更重要的是解放思想，因为游资接棒的主升浪后半段行情往往是非常强悍的短线冲高行情。散户要敢于追高，这是思维模式上必须突破的门槛。

6.1　游资的性质及识别

游资与主力机构相对，虽然二者能够携手打造一段完整的主升浪行情，但二者的运作机制并不相同。本节将介绍游资的性质，以及究竟该如何识别游资。游资不会大张旗鼓地暴露自己的身份，而能否成功识别游资也成为散户能否畅享主升浪行情后半段的关键。

6.1.1 必须正确认识游资的性质

游资,也被称为热钱,本质上是一种投资性质的短期资金,流动性极高,趋利性极强。在股市中,游资能够迅速向收益更高的板块或股票转移。游资的目的在于用尽量少的时间创造尽量多的财富,以投机盈利。所以即使出现了被套在股市中的情况,游资也会毫不犹豫地选择自保。对于散户来说,与游资打交道比与主力打交道要危险得多。因此,我们必须正确认识游资的性质。

1. 高风险性与高收益性

在股市中,收益与风险往往成正比。游资是其中的典型代表,它们赚取的就是高收益。游资往往不会只在一个板块中投资,所以它们很可能在这只股票中亏钱,在另一只股票中赚钱,而这也要求它们必须具有承担高风险的意识和能力。

2. 高敏感性

游资的趋利性要求它们对某个国家或地区,甚至全球的经济金融状况和发展趋势都要有敏锐的意识。对有关政策变化高度敏感,游资才能抓住信息差,迅速做出反应。

3. 高流动性与超短期性

游资具有极强的流动性,1天至1周的时间内,它们能迅速进出一只股票。当风险加大时,它们宁可损失一部分利润也要迅速撤出,转而寻找新的目标。

4. 高投机性

游资的本质还是一种投资资金,它们会从股市的价格波动中获取利润,对金融市场有一定的"润滑"作用。如果没有游资这类风险偏好者,风险厌恶者就没有办法转移风险。

在股市中,但凡是在短时间里动辄上涨N倍的大牛股,都一定是机构与游资携手的产物。这些大牛股的基本模式都大同小异,前期先由主力机构潜伏建仓搭台，在反复震荡洗盘后，主力机构伺机将行情引向主升浪。而波澜壮阔的主升浪行情也是最值得散户关注的，作为利润最丰厚的行情段，主升浪行情肯定是机构与游资携手的产物。二者的大抵分工是主力机构负责主升浪前半段，而"风高浪急"的后半段行情则交棒给游资。

简单来说，游资好比过江龙，它们赚的是快钱，拉升股价时非常"凶狠"。而一旦完成既定盈利目标，它们也会毫不犹豫地做出离场决定。即使看错了行情，它们止损也非常果断，哪怕折损本金也要迅速抽离。散户如果不能充分了解游资的性质，就很容易受伤，万一不幸"高位站岗"，基本不存在全身而退的机会。很多散户"高位站岗"后，索性采取不闻不问的鸵鸟策略，结果到头来连本金也赔得一干二净，所以散户一定要对游资有正确的认知。

6.1.2 让游资无可遁其形的指标——反包

股市中的游资神出鬼没，但是它的动向有章可循。在此，我们需要认真领悟一个短线技术指标——反包。所谓反包，指的是在K线图中，后面的实体将前面的实体完全覆盖的情况（两个实体必须是一根阴线和一根阳线）。

反包分为两种情况。

（1）后面的实体是阳线，前面的实体是阴线，阳线完全覆盖了阴线，这种形态叫阳反包。

（2）后面的实体是阴线，前面的实体是阳线，阴线完全覆盖了阳线，这种形态叫阴反包。

当阳反包出现在股票价格涨幅不大时，往往是股价还将继续上涨的信号。但在股票涨幅巨大的情况下，出现在高位的阳反包则可能是股票价格见顶的信号，预示股票走势即将逆转为下跌，甚至接下来有较大可能会出现跳空下跌。

阳反包配合盘面的技术形态，要满足以下4个条件：

（1）股票在前期必须连续上涨；

（2）这根阴线是股价连续上升后出现的第一根放量阴线或长上影线；

（3）阳线要将（2）中的阴线实体完全覆盖；

（4）如果股价跌破了阳反包最低价，就应当立即离场。

除此之外，还有一种最常见的阴反包战术，也是最简单的一种反包战术，最便于散户把握。首先，在K线走势图中会出现几天连续的阳线，阳线的数量一般大于等于4。其次，成交量温和放量；但突然有一天这只股票低开低走，开始暴跌，成交进一步缩量，出现阴线实体，完全覆盖前几日的阳线。这就是阴反包战术。

同样地，我们依然要选择前期经常涨停的活跃股。最常见的是在前一天选中心仪的股票，第二天再继续观察。股票有高开高走的，也有低开高走涨停的。高开高走的股票很容易找到买点，等待盘中走势稳定，我们就可以介入。低开高走的股票等到股价拉升上来，盘面稳定后我们就可以突破介入。这是阴反包里最容易把握的一种战术。

6.2 如何吃透反包尽享机构游资"共舞"盛宴？

在了解了什么是反包后，我们就要掌握反包的规律，跟随游资的脚步，享受游资接棒后的主升浪后半段行情。

6.2.1 战略上做好大环境、人气分析

反包行情可以视为"主升浪中的主升浪"，是上升行情中的上升行情，利

润最丰厚。因此，它的出现对股市整体大环境以及股市的人气都有一定的要求。如果股市此时大多数板块或板块中的大多数股票都呈现上涨趋势，股市一片向好，那么此时就比较适合跟进做反包行情。但如果整体经济和股市大环境不佳，市场人心涣散，此时则不宜冒进做反包行情。

散户本身没有主导一只股票的力量，散户只能顺应大环境，在大环境的变化中抓住机会。如果非要逆流而上，那么散户很可能亏得血本无归。

除此之外，我们还要特别关注反包后的情况。即使进场时的大环境没有问题，但如果进场后情况发生了变化，向着不好的方向发展，人气也明显下降，此时我们就有必要考虑是否还要继续参与此次反包行情。如果颓势不可阻挡，我们一定要当机立断做出撤仓决定，不要犹豫，否则可能亏损得更多。当然，在进场之初，我们就要尽量选择人气好、可持续性强的板块，而且最好选择在板块活跃初期就参与反包行情。

6.2.2 战术上需要特别注意的操作细节

在参与反包行情时，我们要特别注意以下操作细节。

首先，我们要从当下的人气股票或高热度板块中，选取连续两板（或单板20%幅度）的标的。

其次，我们要尽量选择分歧当天有承接的股票。分歧表示多空双方对这只股票的发展有分歧，有人认为这只股票前景很好，有人认为这只股票前景堪忧。而有承接则意味着下杀力量弱，股价不易下跌，分歧时间越短越好。

在这个环节中，最重要的是买方和卖方的力量分析，主要分3种情况：其一是卖多买少，股价下跌，因为放量多则说明无人承接；其二是卖多买多，股价呈横盘，有量也有人承接；其三是卖多买更多，股价上涨，成交量增多，同样说明有人承接。

然后，散户进场买点就设在反包涨停位置。因为只有反包涨停，才能显示游资的决心，主升浪行情确定性才大。

最后，早盘拉升，缩量的情况比较好。在股市中，游资非常喜欢缩量，因为缩量反映的信息简单有效，参考价值比放量还要高。缩量分为两种情况：第一种是空头趋势下的缩量，这预示着股价还会继续下跌，散户千万不能盲目抄底，否则就会抄在"半山腰"；第二种情况则是多头趋势下的缩量，这种情况说明市场中的情绪高度一致，持有股票的投资者不想卖，想购买股票的投资者买不到，所以股价继续上涨的概率很大。游资青睐的是第二种情况下的缩量。只要股市中不出现高位放量、爆量或者破趋势的情况，散户就不要轻易卖出手中的筹码。

6.2.3 参与反包行情的风控措施

即使我们已经挑选了一只前期走势良好的股票，并且它已经走出了反包行情，我们也不要轻易参与。因为即便走出反包形态，也并不意味着这只股票后面的行情就一定会上涨。股市投资中最确定的事情恰恰是不确定，在真正吃到丰厚的主升浪利润之前，万事皆有可能。

因此，我们在参与反包行情之前，应该采取一些相应的风控措施，以防自己判断失误，引发风险。当反包行情中出现以下情况时，说明反包行情可能有变，我们需要考虑及时离场。

（1）如果该股票上涨或下跌行情，原本是温和进行的，可在某一天突然加速，而后才出现反包行情，那么就需要放弃这次的反包行情。

（2）在K线走势图中的T字板、一字板加速后，涨停封单被"吃"掉，此时我们就需要警惕反包行情有可能随时结束。

（3）如果我们已经参与了一只反包行情良好的股票，但在参与之后，反包后行情迅速反转向下，我们就要考虑反包失败的可能性，如果不能及时做出判断，最好立即撤离。因为游资撤离并不会犹豫，这也意味着它们不会给散户思考的时间。因此，我们的撤离即使会造成一定的亏损，也好过继续观望。在股市中，"不怕一万，就怕万一"，我们要谨慎行事。

6.2.4 超短线反包行情的案例分析

在股市中有很多种做短线的方法，如低吸、追涨等，超短线反包是其中较为常见的一种方法。超短线反包的目的是与大阳线博弈，是指主力在攻击时遇到阻力，但主力仍然顶住阻力继续向上拉升股价，在K线走势图中走出一个有长上影的K线组合。具体表现为：第1个交易日出现涨停板，第2个交易日先上后下，收长上影（7%以上）十字线（阴阳均可），成交量放大。而到了第3个交易日，往往会出现阳线完全覆盖第2个交易日的上影线。

下面我们将用3个案例解析超短线反包行情的几种情况。

案例1：股票甲的反包行情全过程解析

股票甲在走出3个涨停板后，市场出现了分歧。有人认为股票甲会继续涨，但也有人认为"月盈则亏"，股票甲很可能要开始下跌了。但从阴线实体可以看出，股价回调幅度比较小，说明双方的分歧不是很大（见图6-1）。

股票甲最右侧的放量涨停阳线与前面的小阴线构成标准的反包行情，可以视为游资接棒主升浪后半段的正式信号。在这个反包行情发生之前，股票甲出现过3个涨停板，所以此时散户比较适合进场参与反包行情（见图6-2）。

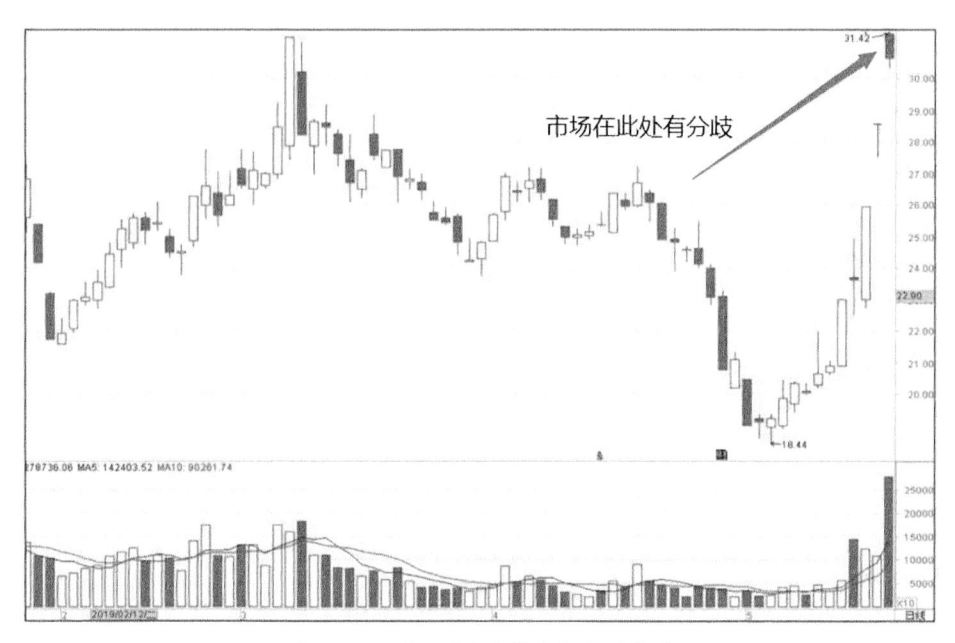

图6-1　股票甲反包行情市场出现分歧

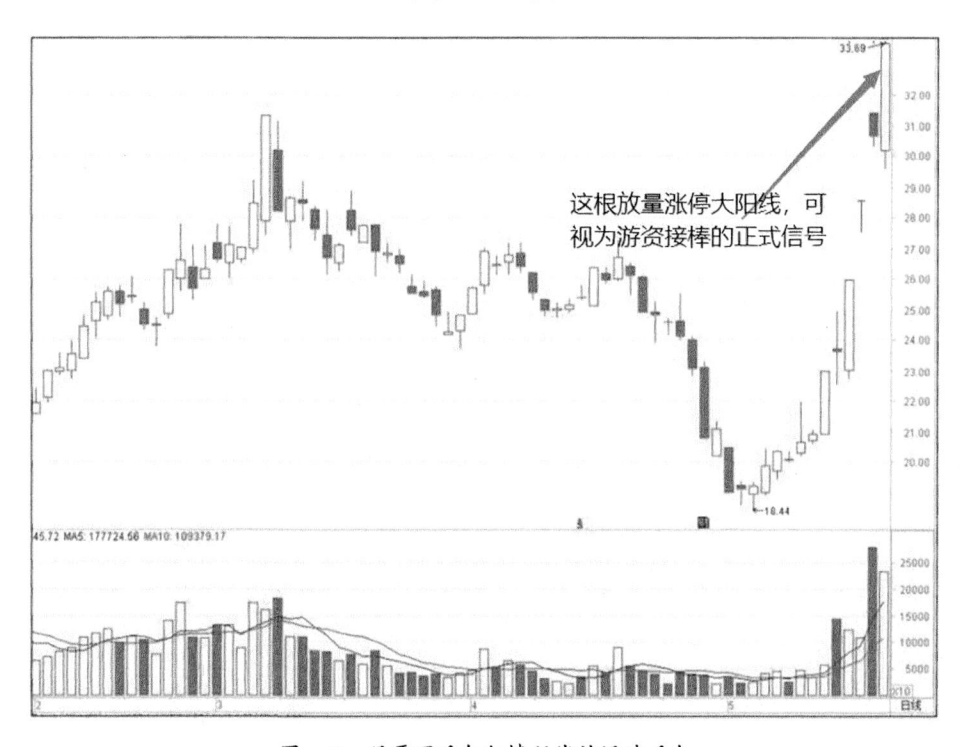

图6-2　股票甲反包行情阴线被迅速反包

股票甲在出现反包信号后，股价一路飙升，又连续走出6个涨停板，最后出现一根高位光头阴线，昭示着此次反包行情结束（见图6-3）。

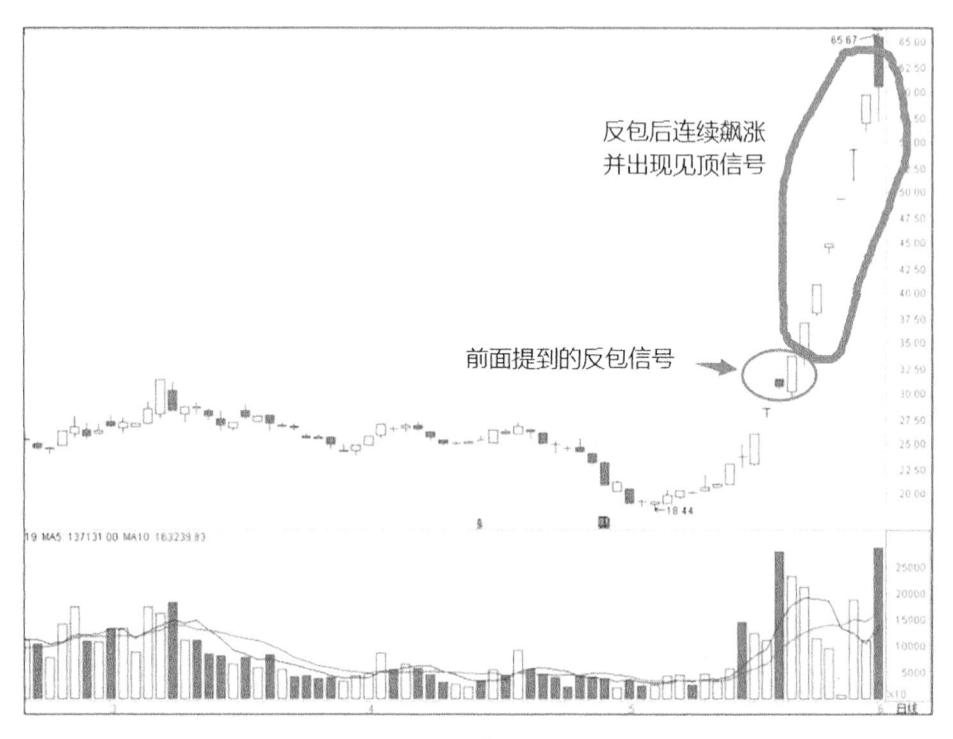

图6-3　股票甲反包行情反包后股价连续涨停

案例2：股票乙的反包行情全过程解析

股票乙在连续走出5个涨停板后，出现了一根长上影阳线。此时单凭K线走势图不能做出完全正确的判断，投资者必须依靠自己的投资经验和直觉。如果接下来不能快速反包这根长上影阳线，那么反包行情很可能就此回落（见图6-4）。

股票乙在出现一根长上影阳线后，随即走出一根涨停大阳线，基本形成了反包局面（见图6-5）。

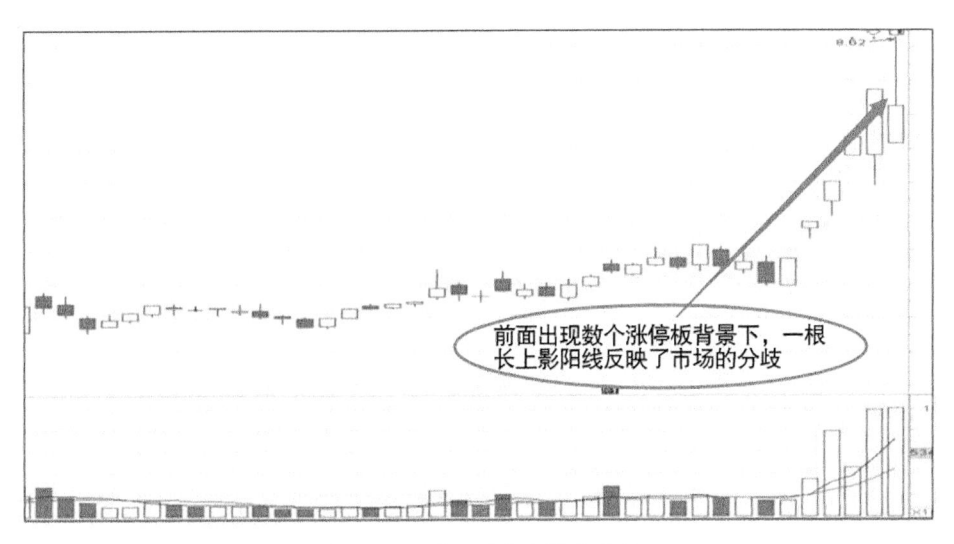

图6-4 股票乙反包行情全过程

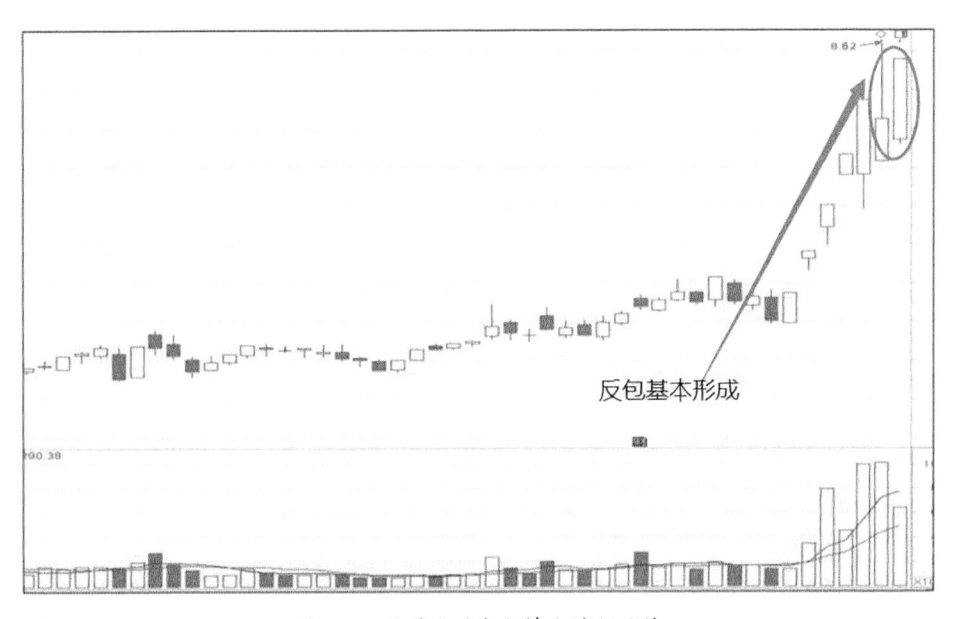

（图中标注："前面出现数个涨停板背景下，一根长上影阳线反映了市场的分歧"）

图6-5 股票乙反包行情全过程后续

（图中标注："反包基本形成"）

股票乙在形成反包局面后，又连续走出4个涨停板，随后出现一根高位的长下影吊颈K线（见图6-6）。如果没有意外，这就是此次反包局面见顶的信号了。

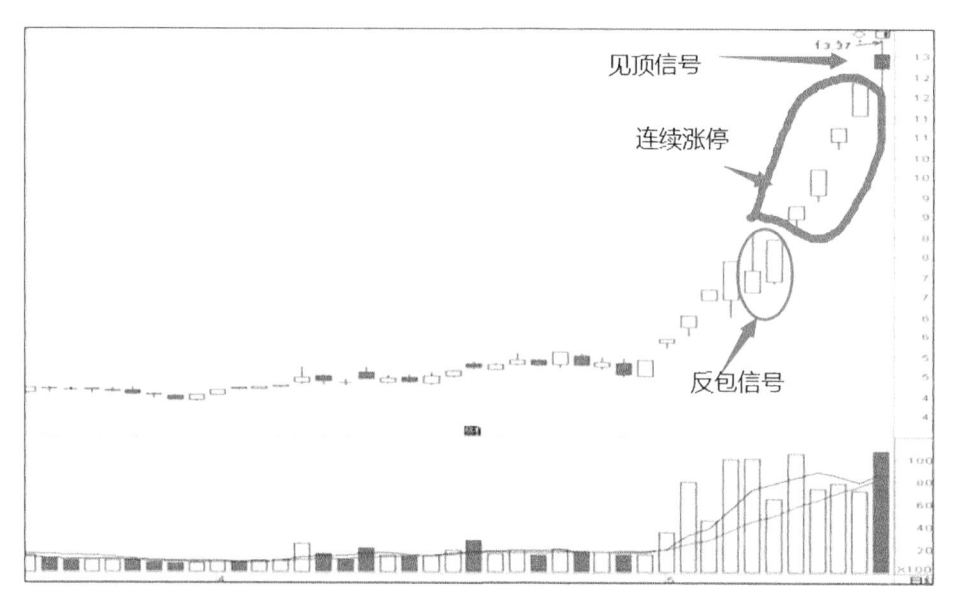

图6-6 股票乙反包行情涨停

案例3：股票丙的反包行情全过程解析

股票丙走出两个涨停板之后，出现了一根长上影倒锤头线（见图6-7）。此时，这个位置处于股价上涨早期，股价就此反转下跌的可能性不大。接下来，我们关注的重点就是这只股票能否迅速实现反包。

股票丙出现低位长上影倒锤头线后，随即出现一根涨停大阳线，实现了反包。由于这个位置处于股价上涨早期，所以该反包信号的可信度非常高（见图6-8）。

股票丙低位形成反包信号后，游资连续拉出3个一字涨停板，散户根本没有机会进场。紧接着一根长下影涨停后，出现一根带上影的阴线，这根带上影的阴线或许就预示着见顶时刻的到来。由此看来，低位反包信号的可信度非常高（见图6-9）。然而机会稍纵即逝，特别是在游资主导行情时，因此投资者在看准时机后，该出手时就要果断出手。

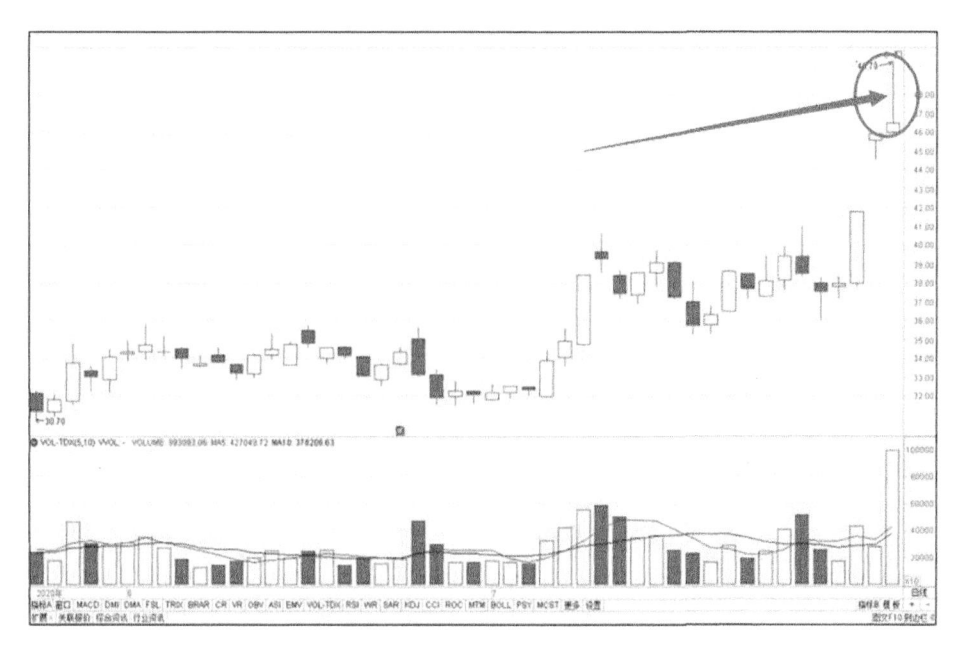

图6-7 股票丙反包行情全过程（1）

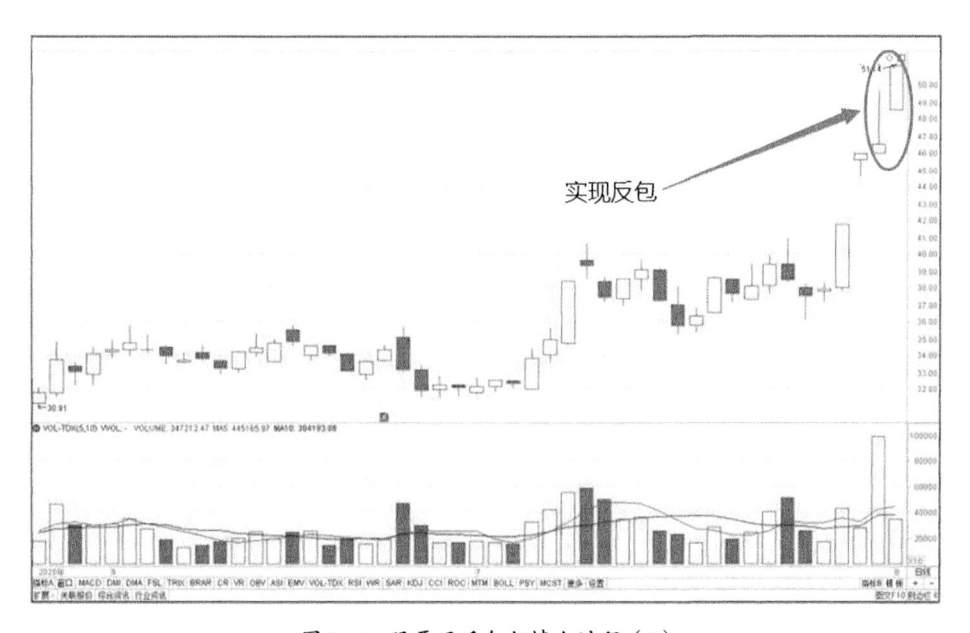

图6-8 股票丙反包行情全过程（2）

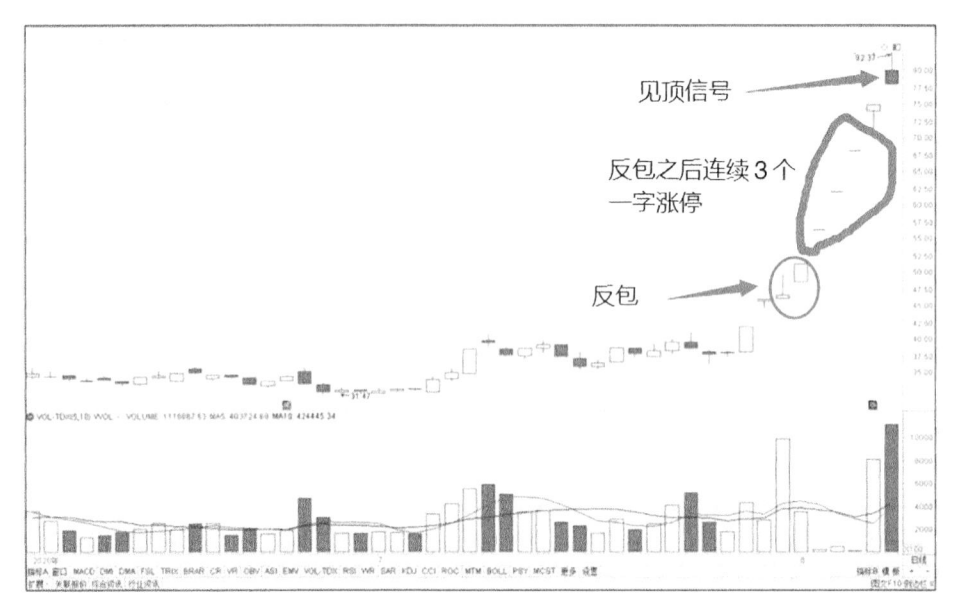

图6-9 股票丙反包行情全过程（3）

6.2.5 做短线必须敢于追高

游资接棒的主升浪行情后半段，通常是短线冲高行情。这就要求投资者在思维上必须有根本性的转变，绝不能用做波段投资的思维去做短线投资，这是两种完全不一样的投资思维。

例如，某股票前面已经出现了五六个涨停板，那么我们还要不要追高进场呢？很多人都不敢追高，虽然很多投资者平时总想做短线，希望能够今天买入、明天就能卖出，甚至憧憬着抓住涨停板的那种快感。然而，当机会真正来临时，他们中的绝大多数人内心却是胆怯的。大部分人会抱有这种心理："股价都涨得那么高了，万一冲进去后跌下来亏钱怎么办？还不如不冲，再观望一下。"如此犹豫不决，最后也就放弃了。然后，这些人就将目光转向了前期几乎没有怎么上涨过的股票，但是一个很简单的道理是：这只股票前期不涨，为什么你建仓之后就会涨呢？

显然，股市中的很多人都会陷入这种"不敢追高，只敢逢低买入"的思维陷阱。那么，如何才能打破这种短线交易的心理魔咒呢？答案是提升认知，改变自己的思维模式。短线行情本质上是情绪化行情，做反包行情交易也是做趋势交易，所以基本的应对策略是顺势追高，遵循趋势交易，这样才能成功盈利。

但遵循趋势并不代表要随波逐流，而是经过科学、合理的分析之后，再结合自己的投资经验做出决定。短线趋势交易最简单有效的策略就是突破交易，即在上涨行情的必经之路守株待兔，成功跟踪趋势。而决定我们能否盈利的关键因素实际上并不是我们对趋势的预测是否准确，而是股市中是否出现了足够大的波动水平。行情的变化总是从一个极小的级别开始，如果我们能意识到这些极小的波动，就能更加接近行情的真实变化趋势。

做短线交易就是如此，股价越涨越有人追，而越有人追股价就越涨。其背后逻辑在于，游资接棒后主要是通过掀起市场情绪快速拉升行情，而且手法非常凶悍，通常不会给散户低吸的机会，所以散户只能追高买入，否则就会与短线快速拉升行情无缘。

在短线交易中，我们要遵守以下止损原则。

（1）事先设定固定止损点。

（2）获得了比较大的盈利后，我们要将第一止损点设定在成本线附近，避免沉溺于追仓，使盈利变亏损。

（3）止损原则必须严格执行，为了避免自己当时会犹豫，我们可以通过一些计算机软件设定自动执行止损指令。

除此之外，我们还要重点关注技术止损。当重要的均线被跌破、趋势线切线被跌破、典型头部形态的颈线位被跌破或上升趋势的下轨被跌破时，我们就要考虑撤仓，保住本金和盈利。

下篇

"牛熊通吃"
(探索"牛熊通吃"之道)

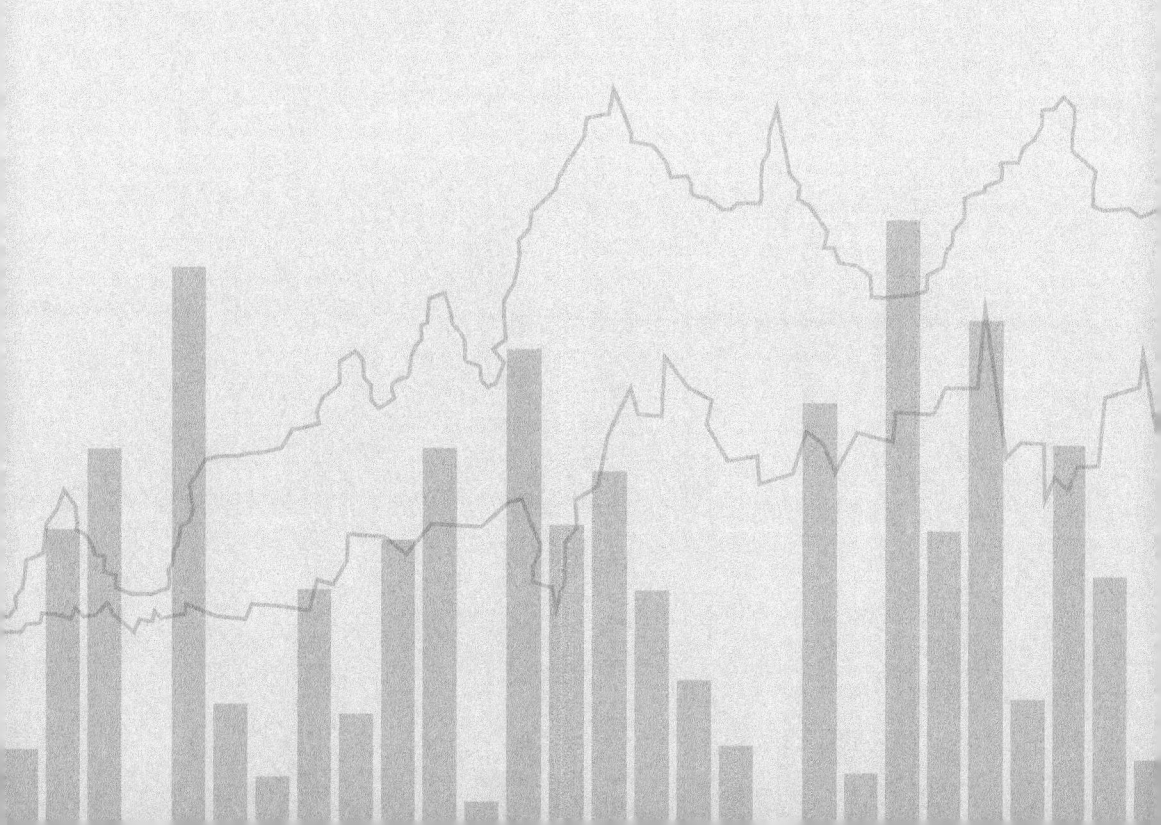

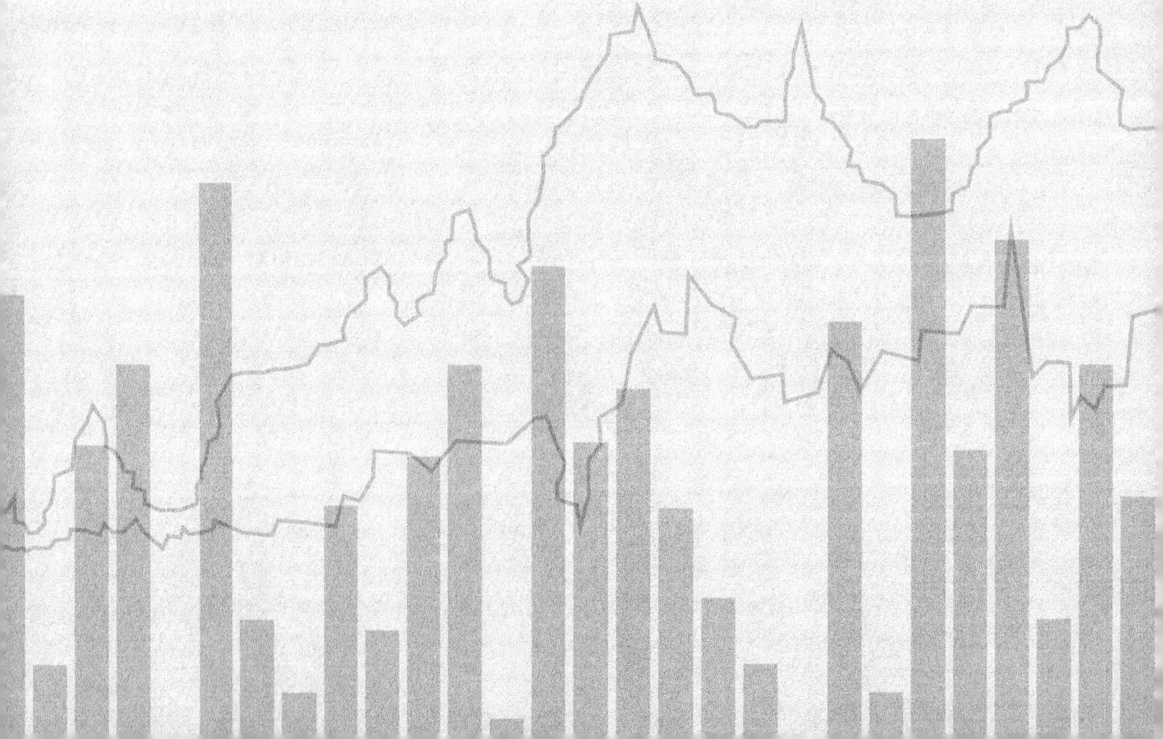

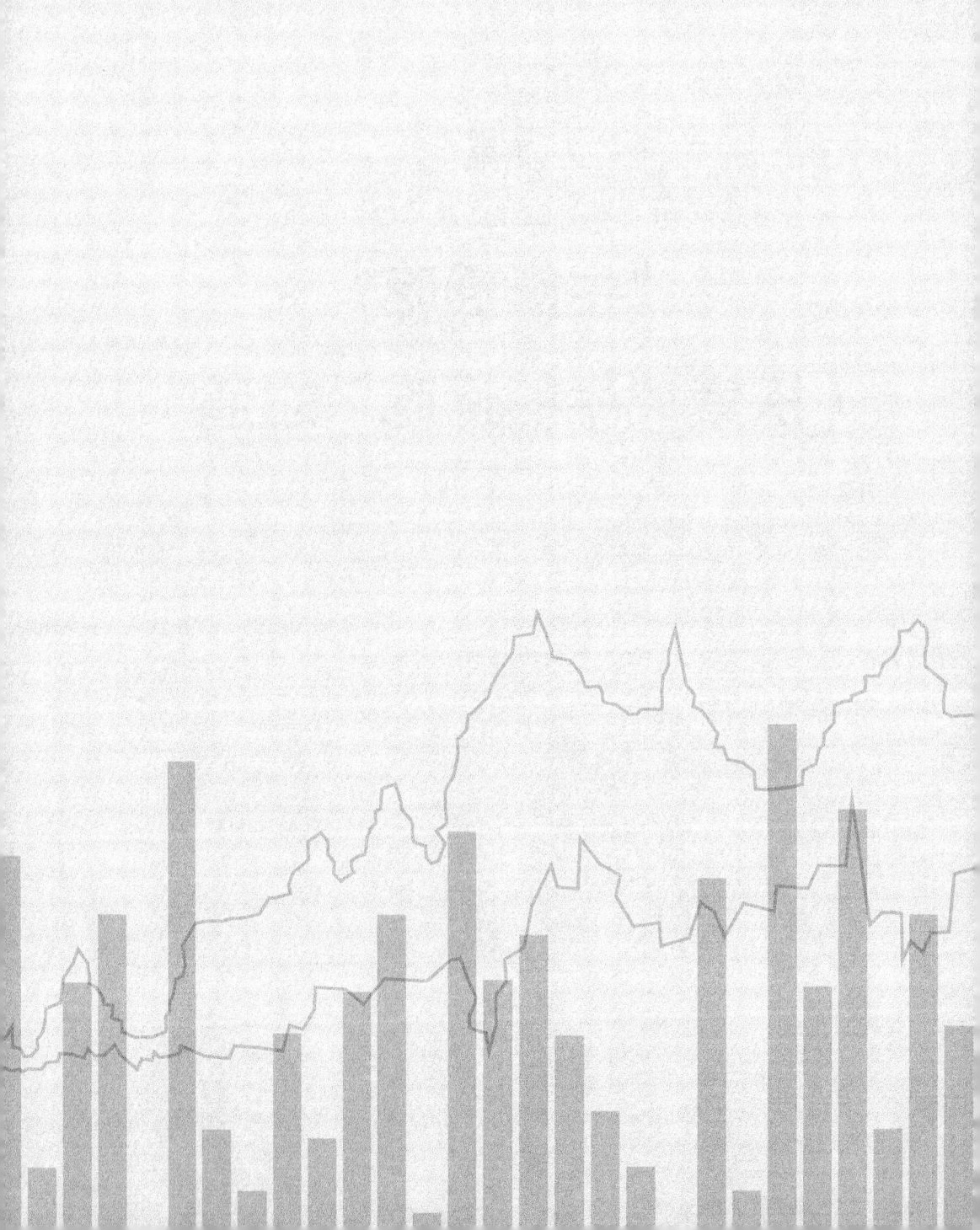

第 7 章　关注做空动能衰竭迹象

本书上篇介绍的主要是如何锁定大牛股的主升浪行情,力求精确"狙击"主升浪启动点,从而使散户也能"吃"到利润最丰厚的"鱼身"行情。

本书下篇定位为"牛熊通吃",力求站在"穿越牛熊周期"的视角,全方位捕捉股市中的赚钱机会。既然是要"穿越牛熊",就需要我们能及时捕捉到做空动能衰竭的迹象。做空动能衰竭代表这只股票下跌的势能减弱,对于投资者来说是一种利好的象征,我们应当重点关注。本章内容将围绕这一主题展开。

7.1　根据上升与下跌斜率判断多空强弱

K线走势图是分析股票最基础的工具,它记录了一段周期内股价的起伏过程,信息量极大,让人能够直观看到股价趋势的强弱、买卖双方的力量平衡变化。K线走势图不仅可以帮助我们选择买入或卖出股票的最佳时期,制定更完善的投资策略,而且其上升或下跌走势的斜率可以帮助我们判断多空强弱。

7.1.1　基本思路和多空动能强弱示意图

多空力量强弱代表着股市中资本力量的强弱和意愿，我们从K线走势图中就可以观察到这些资本力量的强弱。单根K线有可能作假，但连续的K线很难被外力操控，所以它能呈现出最真实的资本意愿和资金状态。

例如，没有上下影线，只有实体K线的情况可以分为4种，即大阳线、大阴线、小阳线和小阴线。大阳线表示买方拉升价格的决心，大阴线则意义相反；小阳线和小阴线表示买卖双方在进行温和的搏斗，小阳线说明买方占上风，小阴线说明卖方占上风。

当带有上影线的K线出现时，市场抛压较重，卖方成功"狙击"了买方的进攻。而这又可以分为几种情况，例如，阳线上影线比实体短，表明买方只是暂时受阻，实力依然强大；阳线的上影线大于实体1.5倍以上，说明当天卖方大获全胜，实力不容小觑，如果这种K线出现在阶段性行情的顶部，那么这就是一种见顶信号。

当只带下影线的K线出现时，代表最高价就是股票开盘价。下影线表示承接力量的强弱，下影线越长，承接力量越强。例如，阳线的下影线小于实体，实体越大，表明买方力量越强，股价越有可能上涨；下影线大于实体1.5倍以上的阳线或阴线，即锤头线，表明股价下跌的可能性已经不大了；而T字线则是买卖双方实力发生转变的开始，是一种准确率极高的见底信号。

除了这些简单的仅凭K线形态判断多空力量强弱的方法，还有一种更准确的方法，即根据K线的斜率判断多空动能的强弱。斜率就是连续K线的前进角度，角度是陡峭还是平缓，说明了推动股价涨跌的资本力量的强弱。

根据K线的斜率判断多空动能的强弱的基本思路是：斜率大意味着动能强，反之，则意味着动能弱；判断市场是由多头还空头主导，就看哪一方的动能强。如果下跌动能强，上升动能弱，意味着市场是由空头主导，后市下跌概率较大。当下跌动能逐渐走向衰竭时，则预示着反转行情渐行渐近。

多空动能强弱如图7-1所示。

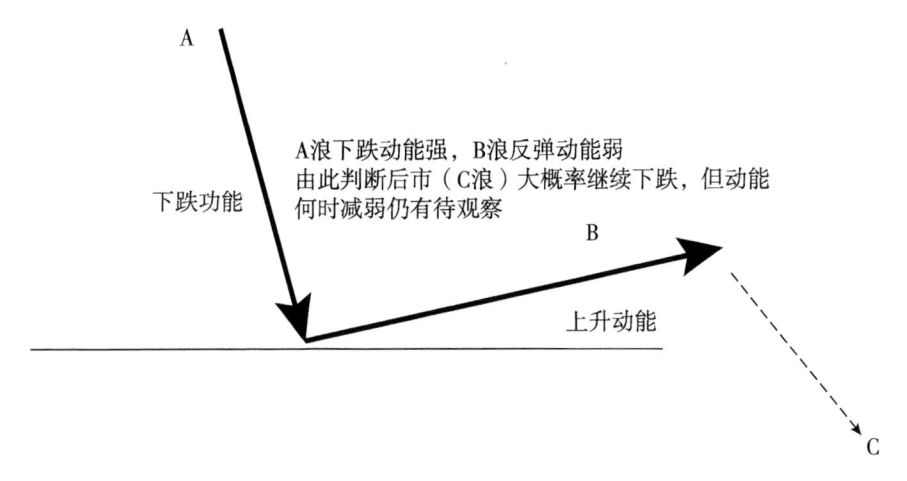

图7-1 多空动能强弱

A浪下跌斜率非常陡，而B浪反弹的斜率相对平缓，说明空头力量明显强于多头，更多的投资者不看好这只股票，所以预计该股票继续下跌的概率较大，只是下跌斜率变大还是变小还有待观察。如果接下来的下跌斜率越来越平缓，说明下跌动能在逐渐接近衰竭，这时才能判定为C浪下跌；反之，如果接下来下跌斜率依然很大，就不能主观地判定为C浪下跌，需要进一步观察。

7.1.2 判断多空强弱相关案例分析

本节我们将通过3个不同的案例讲述如何判断多空强弱。

案例1：滨海能源（000695）

图7-2是滨海能源的周K线走势，时间跨度为2016年7月22日当周至2017年5月12日当周。自从2016年11月18日当周滨海能源创下18.97元的高点后，

该股股价持续下跌，图中A段代表初期的猛烈下跌，斜率非常大，说明空头力量很强；B段代表弱势反弹，斜率很小，说明多头力量很弱，市场持看好态度的人不多；C段则是继续下跌，而且斜率非常大。2017年5月12日当周收出一根大阴线，说明代表空头力量逐渐衰竭的C浪并没有形成。这样一来，A、B、C三段就可能合并成一个大A浪，股价将会呈现持续下跌的趋势。

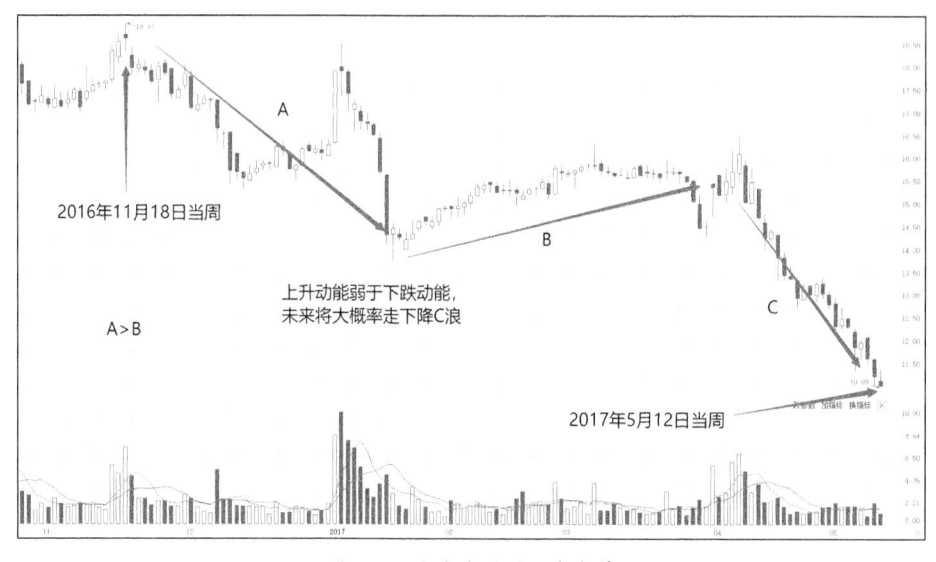

图7-2 滨海能源周K线走势

滨海能源接下来的走势也证明了这一点，其大A浪下跌一直持续到2018年上半年结束。而从2018年下半年到2019年上半年，滨海能源走出了大的B浪反弹；而始于2019年下半年的大C浪下跌时间更长，直到2021年初创下4.48元历史大底后，空方动能才逐渐衰竭，下跌势头才逐渐止住。

案例2：深科技（000021）

图7-3是深科技2018年4—6月的日K线走势。如图所示，在临近6月下旬时，深科技短线加速下跌。这说明经过前面漫长的阴跌后，空头的

力量仍然非常强悍。因此，可以将2018年4—6月的持续下跌视为大A浪下跌。

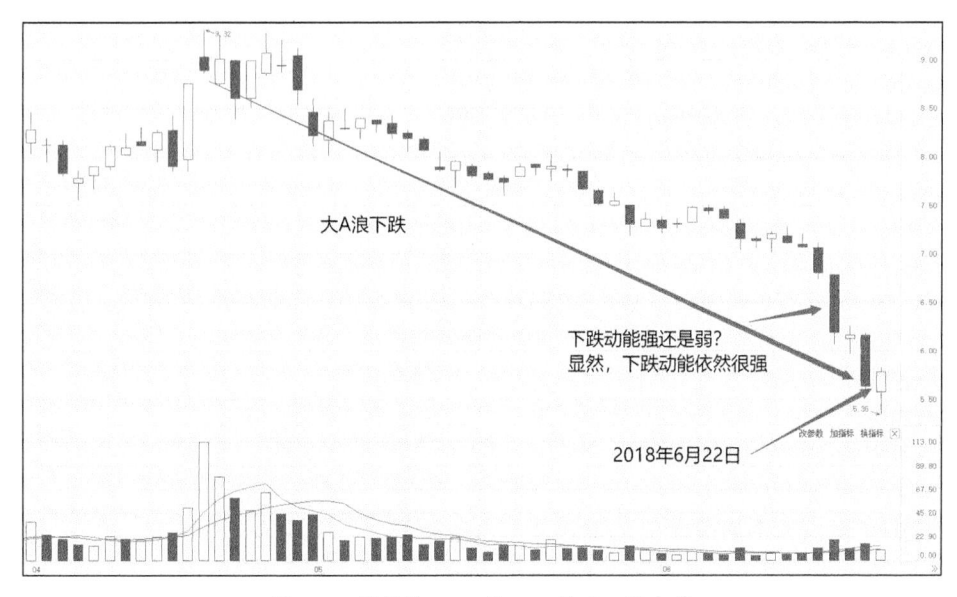

图7-3 深科技2018年4—6月日K线走势

如图7-4所示，深科技2018年4—6月走出A浪下跌行情后，7月曾有过一波B浪反弹，但上升斜率很小，说明当时多头力量较弱，市场中的大多数人依然对深科技持不看好的态度。此后，深科技走出了新一波下跌，权且称其为C浪下跌。空头力量直到2018年10月下旬才走向衰竭，而此时的深科技股价在2018年6月22日的低点基础上，又下跌了近25%。显然，投资者必须时刻关注多空动能强弱的变化，这对判断下一步行情走势至关重要。

案例3：中旗股份（300575）

图7-5是中旗股份2017年3—11月的日K线走势。中旗股份自从2017年3月创下历史高点后，股价一直呈宽幅震荡，但股价重心没有明显上移。2017

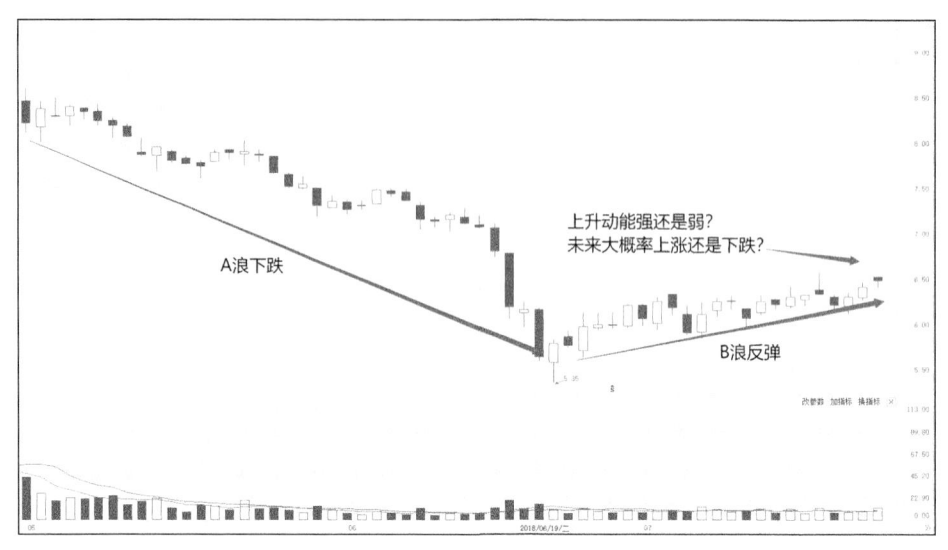

图7-4 深科技2018年5—7月日K线走势

年10月上旬，中旗股份又出现一波快速杀跌行情，随后展开近一个月的反弹，但反弹斜率太小，说明多头根本不占优势，优势依然在空头力量。从2017年10月下旬直到当年年底，该股股价下跌高达10%左右。所以，炒股要特别关注多空双方力量的对比情况。

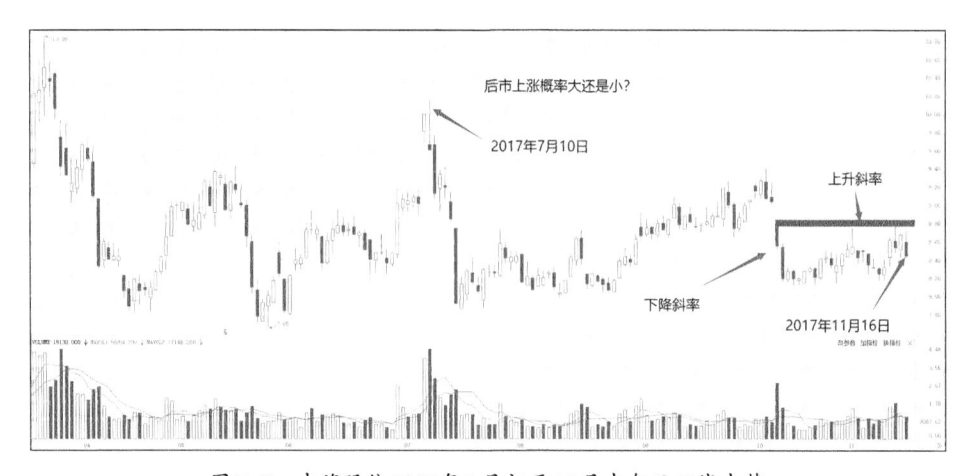

图7-5 中旗股份2017年3月初至11月中旬日K线走势

7.2 空方动能衰竭以及新上涨行情的开启

市场中对某只股票持不看好态度的人越多,空方力量就越强,股价就下跌得越厉害。而当市场中的投资者逐渐转变态度,对该股票持看好态度时,空方动能就会呈现衰竭态势,直到市场中多方力量占据完全优势,股价下跌到最低点,新一轮的上涨行情即将开始。

7.2.1 如何判断空方动能走向衰竭?

当K线图中的K线走势下跌斜率依然很大时,说明此时的空方动能还很强,行情仍然由空头力量牢牢把控着。在这种情况下,不存在真正意义上的C浪。

如图7-6所示,C1段的下跌斜率还是非常大,这意味着形成不了真正意义上的C浪,因为行情还是由空头说了算。我们可以将A、B、C1这3段合看为一段大A浪。

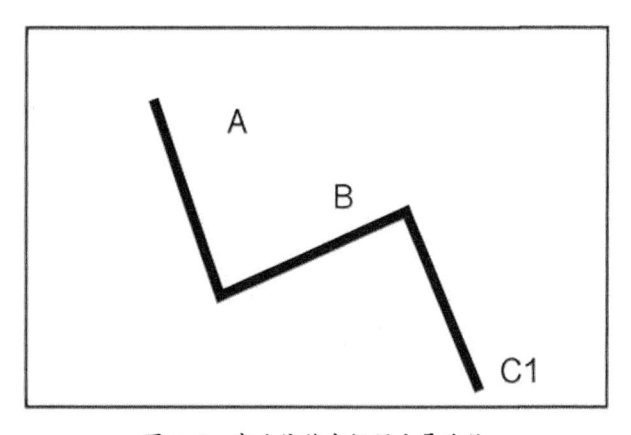

图7-6 空头依然占据强主导地位

反之，如果观察到C2段的下跌斜率在变缓，说明空方动能开始衰竭，也预示空头对行情的影响正由"强主导"变成"弱主导"，如图7-7所示。如果没有意外情况发生，随着多头力量的增强，这只股票的股价可能出现上涨趋势。

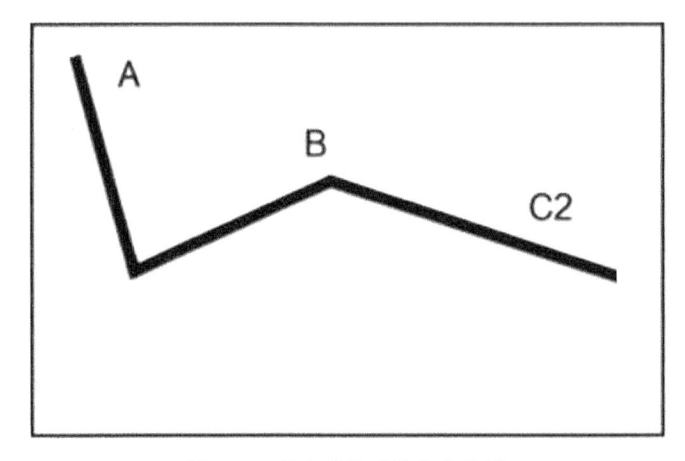

图7-7　空方动能开始走向衰竭

7.2.2　哪种情况预示新一轮行情开始启动？

即使我们已经观察到空方动能开始衰竭，也并不意味着我们就应该立刻入场。因为此时还未看到新一轮上涨行情开始启动的信号，如果此时我们贸然进入，要么会陷入缓慢下跌的"泥沼"中，要么会被套在横盘状态里。只有当我们发现了攻击性阳线，才意味着新一轮行情开始启动。

如图7-8所示，在经历了A段猛烈下跌，B段缓慢回弹的走势后，C2下跌段的斜率明显变缓，说明空方动能正走向衰竭。在这种形势下，攻击性阳线的出现具有标志性意义，即新一轮行情很可能开始启动了。

下面通过以下3个案例对如何判断新一轮行情开始启动进行深入分析，以了解如何找到新一轮行情启动的标志点。

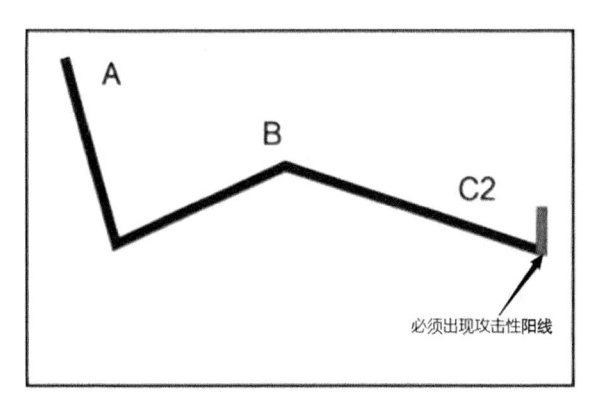

图7-8 新一轮行情开始启动的标志

案例1：千禾味业（603027）

如图7-9所示，千禾味业的整体行情走势比较典型，是标准的A、B、C三浪走势。而在小斜率的C浪下跌后，出现了关键K线，这条强阳K线带来一波强势的上涨行情。总的来看，A浪强下跌、B浪弱反弹之后，C浪的下跌斜率非常小，说明空方动能在衰竭。而随着关键位置出现攻击性阳线后，新一轮行情也就此启动了。

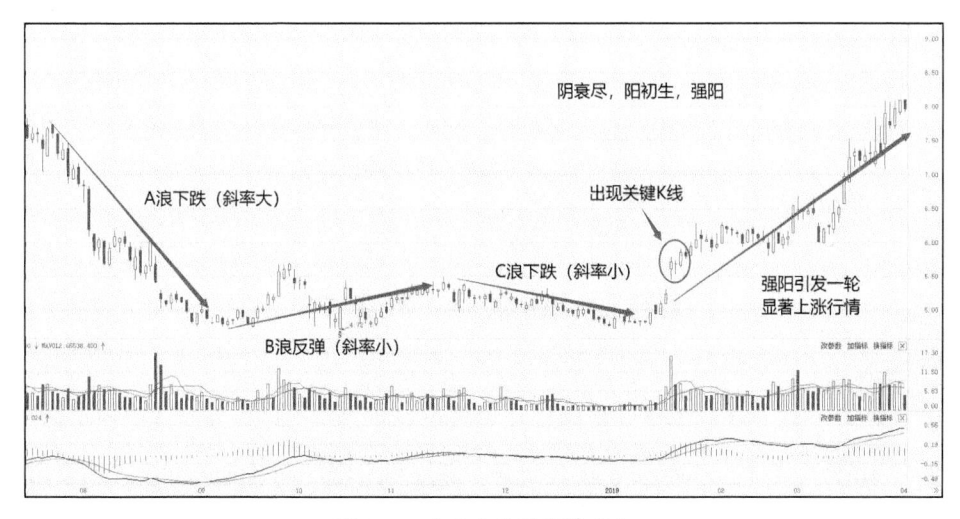

图7-9 千禾味业的行情变化

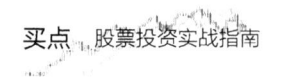

案例2：大悦城（000031）

如图7-10所示，大悦城这只股票C浪的持续时间比较长，几乎是一条缓慢下降的斜线，我们能够直观地看到空方动能逐渐走向衰竭。因此，必须借助特别突出的攻击大阳线唤起市场人气。从图7-10可以看到，连续两根放量涨停大阳线吹起了新一轮行情启动的号角。

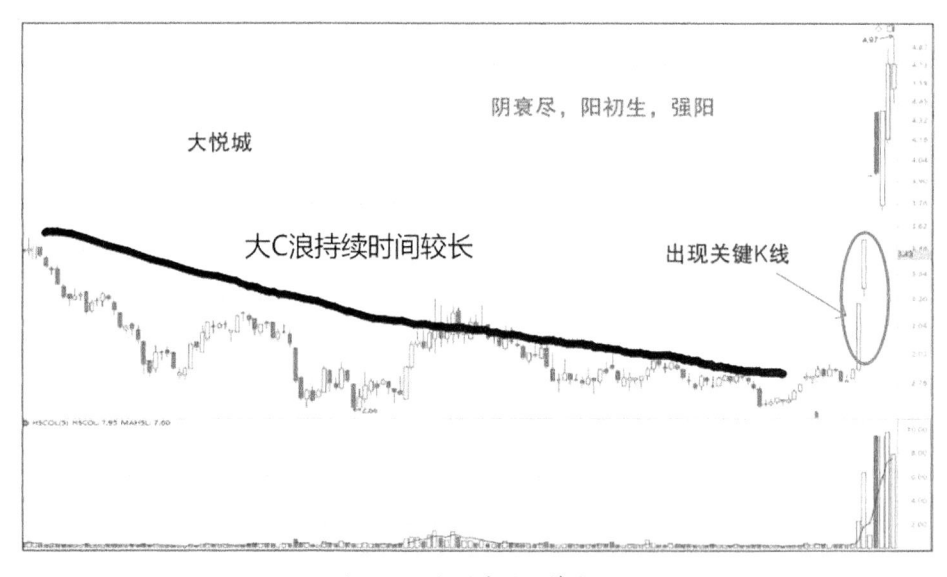

图7-10 大悦城的行情变化

案例3：德尔股份（300473）

如图7-11所示，德尔股份的整体走势也比较典型，同样先是A浪强下跌、B浪弱反弹，然后是C浪弱下跌，空方动能逐渐衰竭。而随着关键位置连续出现攻击性大阳线后，德尔股份走出了一波强势上涨行情。

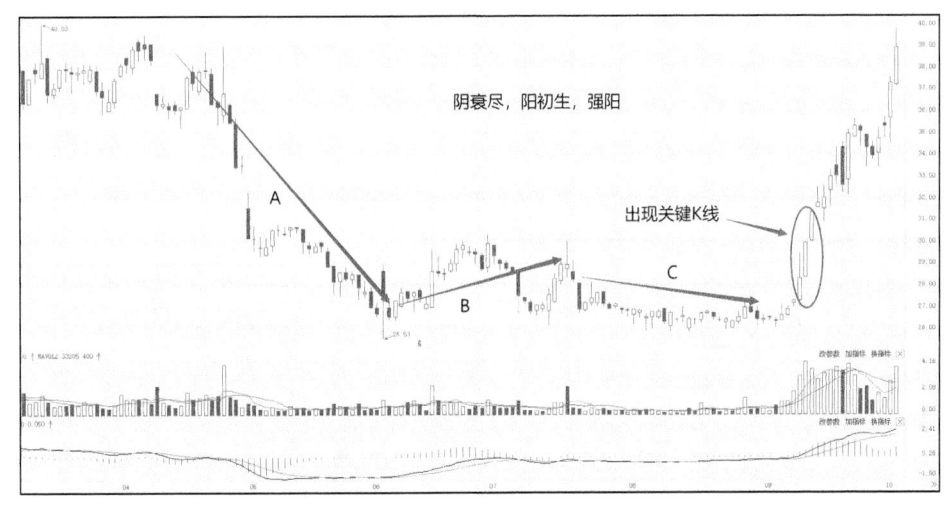

图7-11 德尔股份的行情变化

7.3 空方衰竭后能否精准"狙击"新行情？

在空方动能衰竭后，随着行情小幅企稳向上，当连续出现放量强阳K线时，我们基本可以判定新一轮行情启动了。这种思路概念上比较清晰，但真正执行起来又感觉有点模糊。那么，当空方动能衰竭后，能否找到一种方法精准"狙击"新一轮上涨行情呢？

答案是肯定的。我们确实能找到一种精准"狙击"新一轮行情的方法，只是这类方法可遇不可求，是有一定限定条件的。本节我们将理清精准"狙击"新行情的基本思路，并结合具体股票实例，分析其启动条件和风控止损等问题。

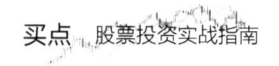

7.3.1 精准"狙击"新一轮行情的基本思路

仅凭攻击性阳线的出现就判断新一轮行情将要出现，在实际操作中有一定的滞后性。当散户意识到这条阳线是攻击性阳线时，可能已经错过了最佳买点，所以我们必须有一套能够及时、精准"狙击"新一轮行情的基本思路。根据多年实战经验，笔者提炼出以下4点要素，如图7-12所示。

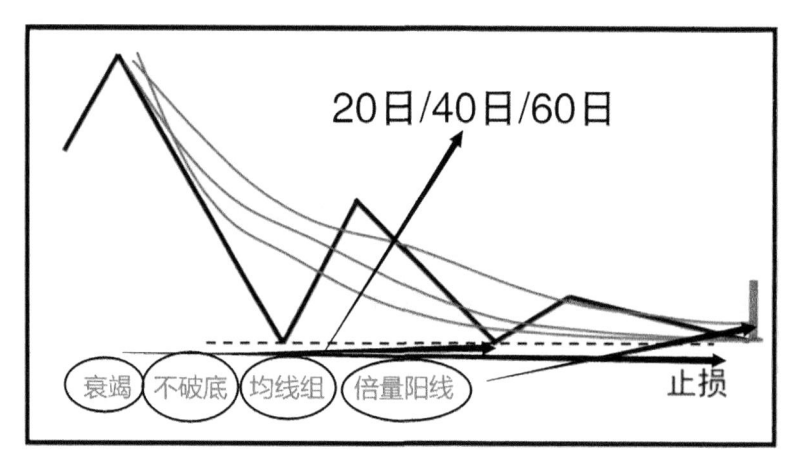

图7-12 精准"狙击"新一轮行情的4大要素

第一，空方动能逐渐衰竭。经过A浪强烈下跌、B浪缓慢反弹后，空方动能在C浪形成过程中走向衰竭。常见的衰竭模式就是由A、B、C这3段行情走势构成的。除此之外，大C浪也可以看作空方动能逐渐衰竭的过程。

第二，C浪形成过程中不破底。C浪的下跌周期要足够长，而且一个子浪比一个子浪的斜率要平缓，各子浪反弹高点不断下移，但低点维持不变。简而言之，C浪一般由众多子浪构成，随着时间的推移，后一条子浪的斜率要比前一条更平缓，但最低点要保持在一定的水平线上。

第三，引入20日/40日/60日均线组。这个均线组最初能对C浪起到压制作用，促使其越来越平缓，而随着空头动能逐渐衰竭，以及股价慢慢向上突破，均线组也由最初的发散转为收敛向上。

很多散户不太关注20日/40日/60日均线组，不了解其重要性。

实际上，20日均线在短期均线系统中具有重要的参考价值。如果我们选择的股票贴近20日均线，说明此时买入的安全性较高。如果这只股票在日K线突破了20日均线，那么我们就认为短期内这只股票的潜力很大，可以考虑观望。

40日均线是两个月的平均成本线。因为有些主力比较保守，所以导致盘面上的有些20日均线比较陡。而30日均线的应用又太过普遍，所以一些主力就将重要的中期参考均线设定为40日均线。横盘或打压洗盘往往就以40日均线为目标位，散户在40日均线附近买入往往会有很好的收益，有时候可以买到主力洗盘的最低价或横盘拉升前的最低价。

60日均线是某只股票在市场上由现在向前倒推60个交易日的平均收盘价格，它反映了该股票60个交易日的平均成本。60日均线通常是中长期走势，对于分析股票后期走势有重要意义。一般情况下，如果一只股票能够有效突破60日均价，那么后期这只股票大概率会上涨。

第四，倍量阳线出现。在股价接近前低附近位置时，出现倍量阳线，而且倍量阳线出现的位置不破B浪低点。

7.3.2 启动条件和风控止损办法

无论是大A浪还是大C浪，在空方动能衰竭尘埃落定之前，股市仍然处于低迷或震荡中。想要在熊市中找到合适的买入点，首先我们要转变自己的思维。

在震荡的股市中，我们要严格控制自己的仓位，无论之前我们是否持有这只股票，在股市中的盈利最终都要归到高抛低吸上。而高抛低吸讲究速度和效率，在空方动能衰竭还没有明确之前，股市行情就没有单向发展的明朗依据，买卖双方都处于拉锯状态。对于投资者来说，只有逃到安全地带，落袋锁仓，才能避免多空双爆给自己带来损失。

最常用的方法就是当股价接近最低点时就买入做多，涨到上限时平仓卖出，并反手做空头，如此反复。这套策略强调及时性与灵活性，到了最低点或最高点就要立刻采取行动，不要想着多拖一天就能多挣一天的利润，否则会"竹篮打水一场空"。

而关于新一轮行情启动条件的判断，可以简单概括为一句话，那就是：在股价接近前面的低位置附近时出现了倍量阳线，且出现位置没有跌破B浪的低点。如果倍量阳线符合这一要求，那么这就说明新一轮行情大概率即将启动。

但如果后续股价的走势没有按照我们的预测波动，或者出现了新的下跌行情，我们又该怎么办呢？面对这一情况，我们要事先建立一套风控止损办法，那就是把倍量启动阳线的前置低点作为止损位。

在股市的上升行情中，均线是紧随股价上升而上升的。而股价一旦掉头击穿均线，就意味着多方势能开始减弱，投资者就要警觉，随时准备撤仓离场，保住胜利的果实。例如，做短线、中线和长线的投资者可分别将20日、40日和60日移动平均线作为止损点，也可以股价每跌破一根均线，就减仓1/3，直至均线全部被击穿，此时投资者也基本上撤完仓了。这样虽然会有一定的利润回撤，但不至于损失本金。

均线很好理解，即某几个交易日的股票价格平均值。而均线又分成两种，第一种为MA（移动平均线），第二种为EMA（指数移动平均值）。

MA的算法就是简单的数学算术平均数，n日MA=n日收市价的总和$/n$。而EMA是指数式递减加权的移动平均，计算时间离现在越近，它被赋予的权重就越大。二者有不同的用途，在单纯比较数值与均价的关系时，人们一般使用MA；而在比较均价的趋势快慢时，人们通常使用更稳定的EMA。

以下是3种情况下简单的均线运用方法，适合初入股市的小白投资者学习。

第一种情况：均线向上，K线在均线上方运行，这是上涨的牛市行情。

第二种情况：均线向下，K线在均线下方运行，这是下跌的熊市行情。

第三种情况：均线走平，K线在均线上下运行，这是震荡的股市行情。

7.3.3 结合案例谈空方衰竭后怎样"狙击"新行情

本节我们将通过两个案例具体分析在空方动能衰竭后应该怎样"狙击"新行情。

案例1：泰禾集团（000732，已退市）

如图7-13所示，在经历了A浪大斜率下跌，B浪小幅度反弹后，泰禾集团迎来了小斜率平缓下跌的C浪。在泰禾集团空方动能逐渐衰竭中，股价基本保持不破前低。再看20日/40日/60日均线组，起初均线组一直压制着C浪，而伴随着空方动能的不断衰竭，最后一步步由发散转为收敛向上。这些趋势都为新一轮行情的到来奠定了基础。

如图7-14所示，作为启动新一轮上涨行情的充分条件，倍量阳线确实出现在前置低点附近。所以，我们买入的时机确实已经到了，既然明确了这一点就不要再犹豫。

如图7-15所示，当泰禾集团前置低点附近的倍量阳线出现后，新一轮上涨行情随之快速展开。依照信号及时买入的投资者，收益比较可观。很多散户始终不明白一个道理，那就是投资炒股重势不重价，必须克服不必要的"恐高症"。

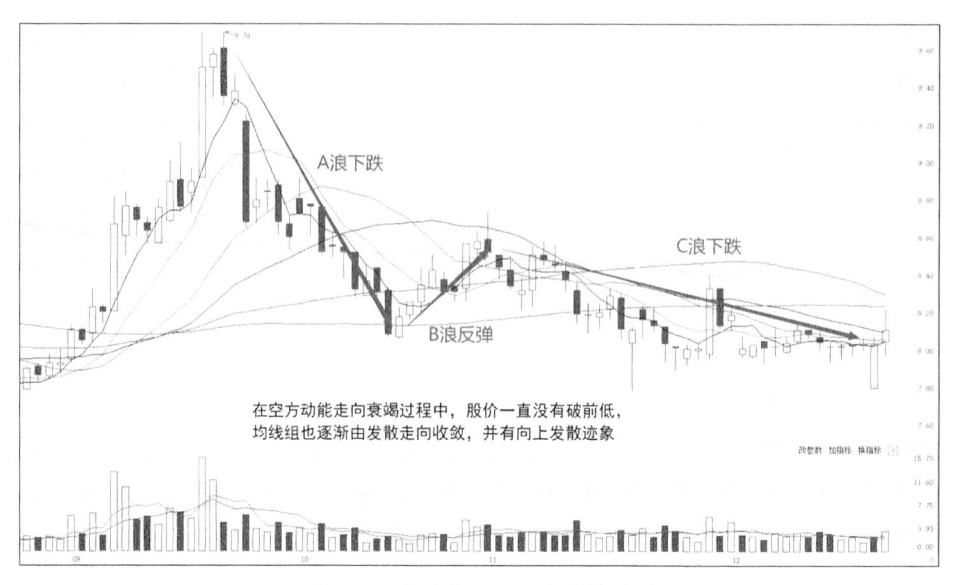

图7-13 泰禾集团日K线走势（1）

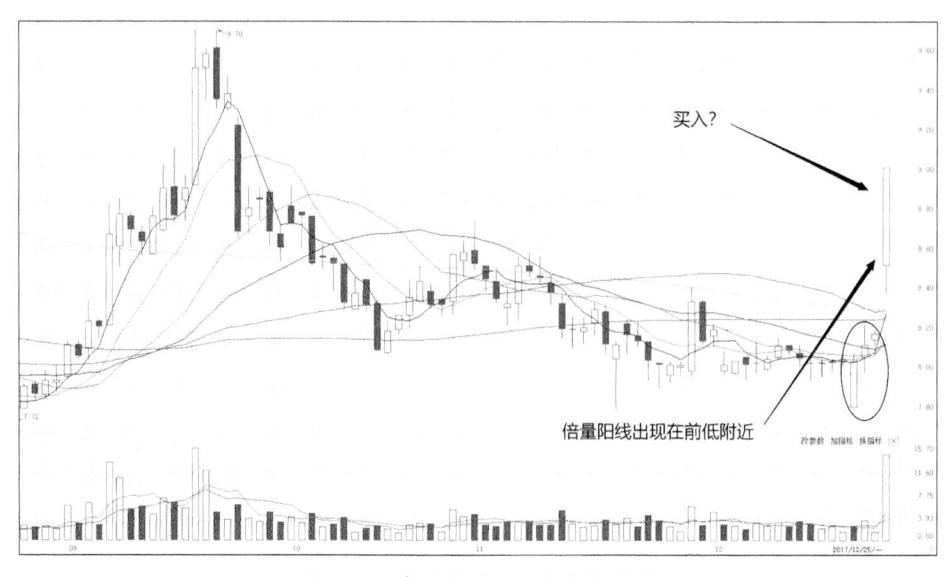

图7-14 泰禾集团日K线走势（2）

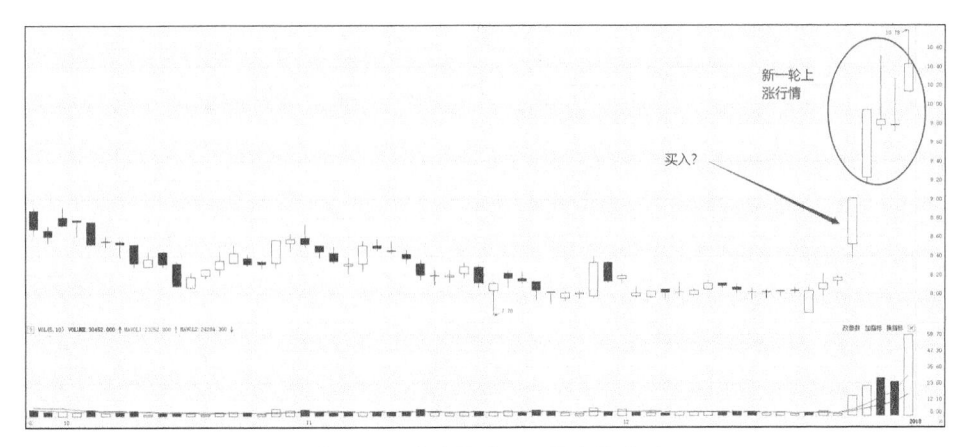

图7-15 泰禾集团日K线走势（3）

案例2：科力尔（002892）

如图7-16所示，科力尔的C浪形成周期比较长，在空方动能逐渐衰竭过程中，股价始终没有破前低，而且20日/40日/60日均线组逐渐由发散走向收敛向上。此时又在前置低点附近出现倍量阳线，显然这就是明确的进场信号。

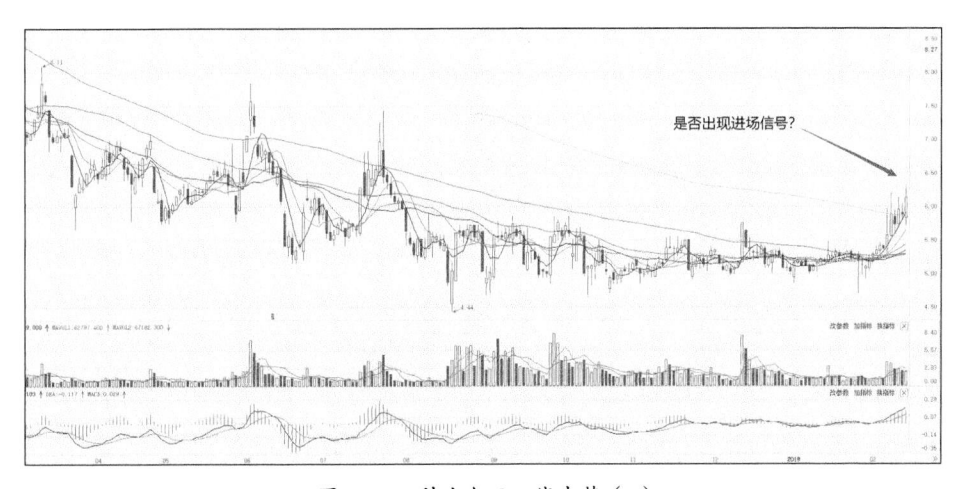

图7-16 科力尔日K线走势（1）

如图7-17所示，C浪形成周期长的好处在于空方动能衰竭得比较彻底。这样一来，当前低附近出倍量阳线后，新一轮上涨行情随即出现，而且涨势非常强劲。

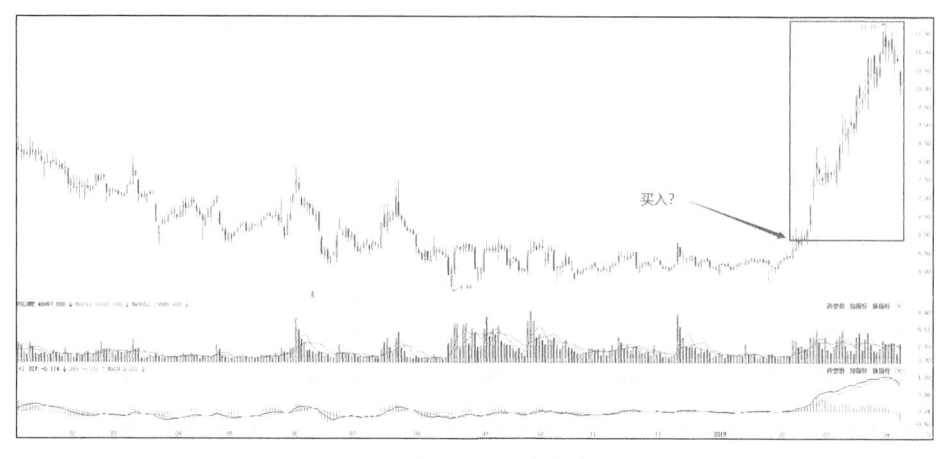

图7-17 科力尔日K线走势（2）

第8章　识别长期超跌反弹拐点

如果想要成为优秀的投资者，我们就应该树立这样一种信心：在任何环境下我都可以赚到钱，无非牛市多赚、熊市少赚而已。我们不能整天期盼牛市、期盼大行情，如果牛市一直不出现，难道我们就要退出股市了吗？

牛市熊市都可以赚到钱，只是策略不同而已。即便在最令人煎熬的长期下跌环境中，我们依然可以找机会赚取超跌反弹的钱。只是我们需要一双慧眼，识别长期超跌反弹的拐点。

本章将和大家分享如何捕捉长期超跌下的反弹拐点，主要从形成超跌反弹行情的必要条件、充分条件入手，并引入一些案例。

8.1　形成超跌反弹的条件有哪些？

所谓超跌反弹，指的是持续时间约为20个交易日，仅仅因为股价下跌而引起的短线上升行情。超跌反弹并不意味着这只股票就从此进入牛市，这仅代表着一段短线行情的到来。我们可以在最低点买入，在反弹后的最高点卖出，赚取短线收益。本节将从形成超跌反弹的条件入手，使大家对这一短线行情有更深入的了解。

8.1.1 股价处于持续稳定下跌状态

形成超跌反弹的必要条件可以简单概括为3个字——稳定性。需要注意的是，这里的稳定性指的是股价稳定下跌，而非投资者稳定赚钱。对于那些宁可亏损也坚决不售出筹码的投资者来说，这个话题确实有些残酷。但是，止损不仅是一门投资必修课，还代表着最核心的投资竞争力。巴菲特曾经说过，保住本金最重要。无论我们在股市中闯荡多久，也永远不要忘记这一句忠告。

很多人一看到股价下跌就慌了神，恨不得立刻就将手上的筹码都抛出去以减少损失。"壮士断腕"固然是一种勇敢的品质，但也必须用在合适的时机。因为在股市中，股价跌宕起伏是常态，如果每次股价下跌就立刻抛出筹码，经年累月，我们的账户里不会多出多少利润。我们要学会从股价的起伏中赚钱，即使是很短的起伏，我们同样能从中获取收益。

超跌反弹是我们赚取利润的好时机。我们可以将超跌反弹分为"超跌"和"反弹"两个阶段来理解：超跌即以不符合常理的态势跌下去，反弹则是为后续的股价上涨预留出空间。当然，并非任何形态的下跌都可以出现超跌反弹的行情，只有处于持续稳定下跌状态的股票才可能出现这一行情。

处于持续稳定下跌状态的股票，通常具有以下两个特点：

（1）股价会沿着某条"X"均线下跌；

（2）股价下跌的斜率稳定，没有异常波动，下跌周期至少为20个交易日。

如图8-1所示，这种由某条均线压制的稳定下跌趋势，对持仓者的信心和耐心会造成严重冲击。但是对于空仓观望者来说，只要能坚定心志，耐心等待超跌反弹拐点出现，就已经有了一大半的胜算。股市是财富再分配的场所，有人亏损也有人赚钱，这些都是正常现象。

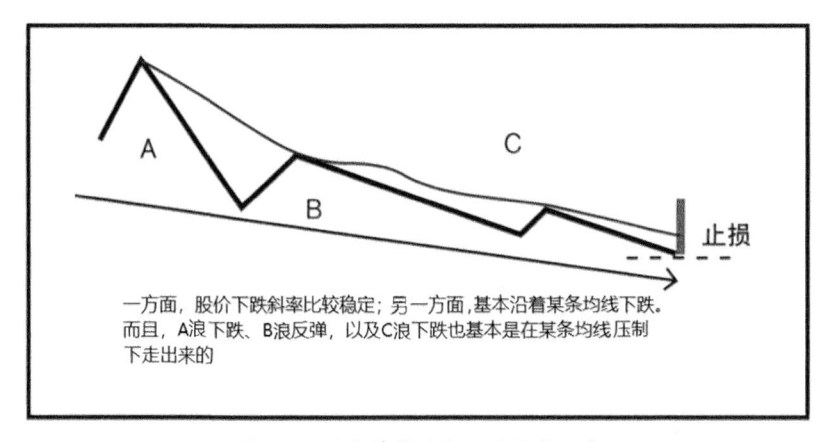

图中文字：
- A、B、C 标注
- 止损
- 一方面，股价下跌斜率比较稳定；另一方面，基本沿着某条均线下跌。而且，A浪下跌、B浪反弹，以及C浪下跌也基本是在某条均线压制下走出来的

图 8-1　股价持续稳定下跌状态示意

一般情况下，X 取值往往是 10。因为下跌周期至少为 20 个交易日才可以算作持续稳定的下跌，因此取中间值 10，看 10 日均线最为稳妥。之所以不看 5 日均线或者其他均线，是因为在长期持续的下跌态势中，时间太短的均线不具有很高的参考价值。如果下跌周期超过 30 个交易日，那么我们也可以参考 15 日均线或 20 日均线。

在这里，笔者要再次强调心态的重要性。虽然超跌反弹行情是股市交易中重要的盈利行情之一，但它是可遇而不可求的。我们在本章分析了众多有关超跌反弹的知识点，但在实际操作中，大部分人依然"手忙脚乱"，即使超跌反弹行情都快走完了，还有些人在按图索骥寻找超跌反弹拐点。所以，我们不仅要多学习、多总结，还要多在实践中有意识地应用学到的知识，搭建实操的框架和模板。

超跌反弹的本质还是短线交易，而短线交易讲究快、准、狠。所以，当我们看到某只股票下跌时，不要惊慌，也许在一段时间的下跌后，它就会迎来极限的触底反弹。当然，并不是对所有的下跌股票都要持观望态度，我们要学会自己寻找消息，例如，某个板块刚刚发布了利好消息，板块中的某只股票却毫无预料地下跌了，那么这只股票出现触底反弹的可能性很大。归根结底，我们要稳住心态。

8.1.2 空方动能逐渐步入衰竭

我们已经了解了什么是空方动能衰竭,而空方动能衰竭主要体现在两个方面:其一是成交缩量,无异常放量,有一种"地量之后见地价"的感觉;其二是MACD(异同移动平均线)处于0轴下方向0轴回归,出现底背离。简单来说,就是股价在继续下跌,指标MACD却在上升。而根据MACD走势的强弱,这种底背离分为强底背离、弱底背离。

要想理解强弱背离,首先我们要明白MACD的性质。MACD即异同移动平均线,起源于双指数移动平均线。其计算方法是:2×(快线DIF-DIF的9日加权移动均线DEA)。其中,EMA12是快的指数移动平均线,EMA26是慢的指数移动平均线,EMA12与EMA26之差即快线DIF。

MACD的意义和双移动平均线的意义基本相同,二者都是通过快、慢指数移动平均线的离散和聚合,来表示股票当前的多空状态以及股价后续可能的发展变化趋势。但相较于双移动平均线,MACD更好理解。MACD的变化就代表着市场趋势的变化,而不同K线级别的MACD则代表着当前级别周期中的买卖趋势。

如图8-2所示,MACD指标向上特征明显,这就是典型的强底背离,后市反弹的力度或许超出所有人的想象。

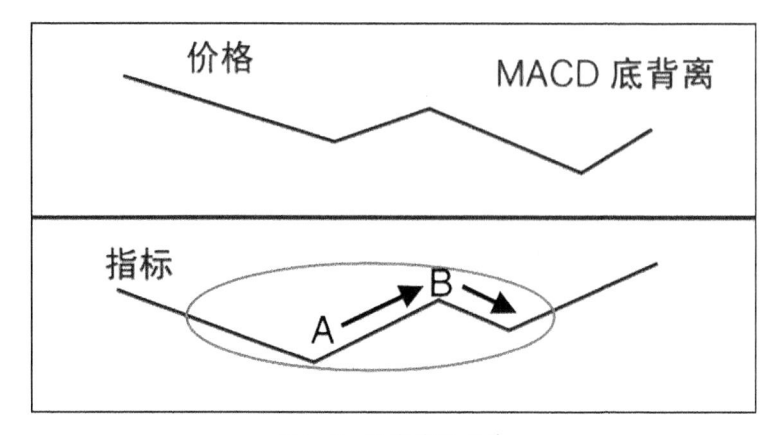

图8-2 强底背离趋势

如图8-3所示，MACD指标向上特征不明显，没有和下行的股价形成鲜明反差。因此后续这只股票的反弹力度或许有限。

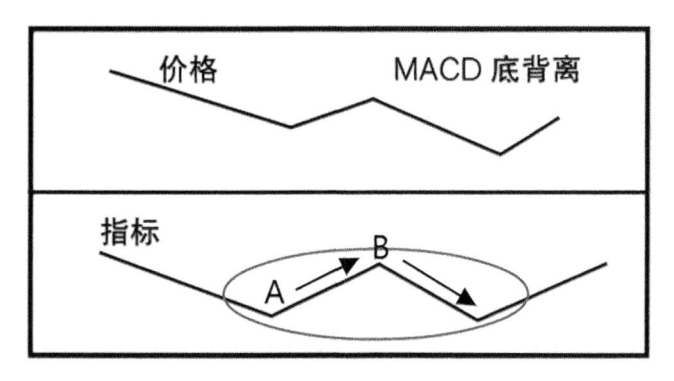

图8-3 弱底背离趋势

想要判断指标向上特征是否明显的依据很简单，主要看两个阶段，即下降阶段后的上升阶段A，以及上升到顶点之后的下降阶段B。如果A阶段与B阶段形成了明显对比，例如，图8-2中A阶段明显比B阶段的持续时间长，幅度更大，那么指标向上特征明显。如果A阶段与B阶段相差无几，例如，图8-3中A阶段与B阶段几乎呈对称态势，这就是指标向上特征不明显，即弱底背离趋势。

8.1.3 倍量大阳线突破某条"X"均线

上文所讲述的股价处于持续稳定的下跌状态以及空方动能逐渐衰竭都是形成超跌反弹的常见条件，但并不是只要出现这两种情况，股票后续就一定会出现超跌反弹。

实际上，形成超跌反弹的充分必要条件是倍量大阳线突破某条"X"均线。而且，这种突破具有一定的突然性，不会在前期给出明显的信号，不会给投资者充分的反应时间，对投资者的反应速度要求比较高。

首先，我们要理解什么是倍量大阳线。大阳线是开盘价与全天的最低价近乎相等，随后价格上涨至最高处收盘时出现的较大实体阳线，带有上下影线。在通常情况下，出现大阳线代表买方力量强大，涨势未尽。如果在股价持续稳定的下跌状态中出现大阳线，就表明股价有见底回升的兆头，投资者可以逢低适量买入。

而倍量指的是成交量同步放大1倍或几倍。这里的成交量指的是VOL（成交总手数，即绝对成交量）或者换手率。倍量会出现在股票的不同阶段，结合股价的变化，倍量也有着不同的象征意义。例如，倍量出现在高位，但成交放量股价没有上涨，一般这代表着主力在吸引散户购买筹码，是一种诱多的信号，俗称为放量滞涨。

所以，当我们看到在稳定持续下跌的态势中，突然出现了倍量大阳线突破某条"X"均线时，就应该快速意识到这是超跌反弹行情的进场信号。不要再想着继续观望，因为这种机会非常难得，十分考验我们的反应速度，必须当机立断买入进场。有时候，反应速度也能决定一切。至于止损，我们只要将止损价格设定在启动阳线前的低点就可以了。

下面将通过3个案例具体讲述在实际操作中超跌反弹行情究竟呈现怎样的态势，我们又该怎样把握。

案例1：股票甲的超跌反弹行情

如图8-4所示，股票甲完全符合持续稳定下跌的特征。10日均线压制非常明显，而且股价下跌斜率也很稳定。空方动能也在逐渐走向衰竭，一方面成交持续缩量，无异常放量，"地量地价"的意味很明显；另一方面，MACD呈现底背离，而且是强底背离。因此，当倍量大阳线突破10日均线压制后，立即引发一波强势的超跌反弹行情，连续涨停拉升的行情非常壮观。

案例2：股票乙的超跌反弹行情

如图8-5所示，股票乙完全符合持续稳定下跌特征。10日均线压制非常

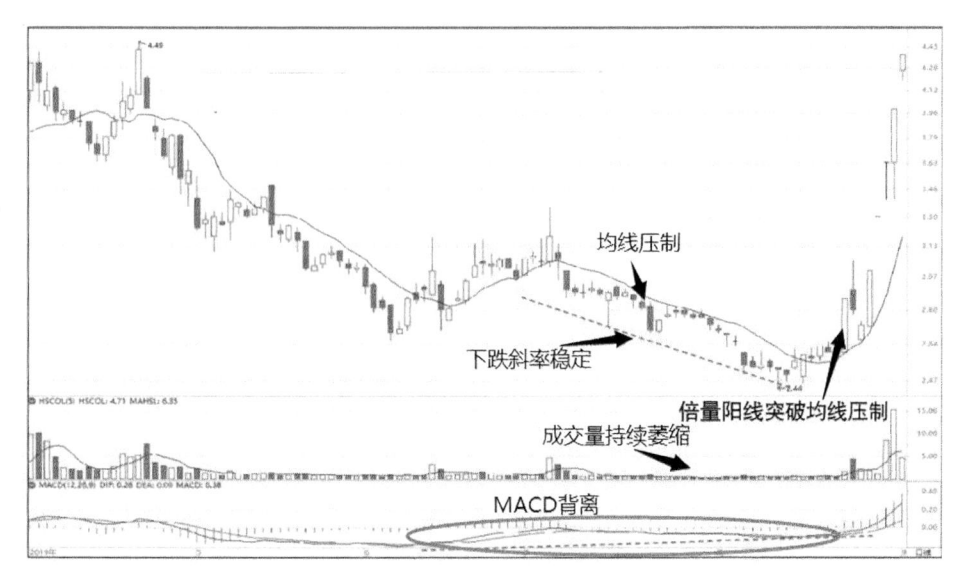

图 8-4 股票甲超跌反弹行情示意

明显,且股价下跌斜率稳定。同时,空方动能也在走向衰竭,成交在持续缩量,无异常放量;MACD 也呈现底背离趋势,而且也是强底背离。因此,当倍量大阳线突破 10 日均线压制后,一波超跌反弹行情出现了。虽然初期的拉升不是特别强劲,但根据其前期走势来看,可以预计反弹具有一定的可持续性。

案例 3:股票丙的超跌反弹行情

如图 8-6 所示,股票丙也基本符合持续稳定下跌特征。但这只股票的趋势不像超短线反弹,更像中短线反弹。从图 8-6 可以看出,其走势动荡起伏,但整体走势在 60 日均线压制下呈稳定下跌趋势,与此相对应的中短线下跌斜率基本稳定。同时,空方动能也在走向衰竭,成交在持续缩量;对应级别的 MACD 也呈现底背离,而且是强底背离趋势。因此,当倍量大阳线突破 60 日均线压制后,股票丙随即出现连续快速上涨的趋势。从图 8-6 可以看出,此次反弹的幅度非常大。但考虑到这只股票立足于中短线超跌反弹,因此我们

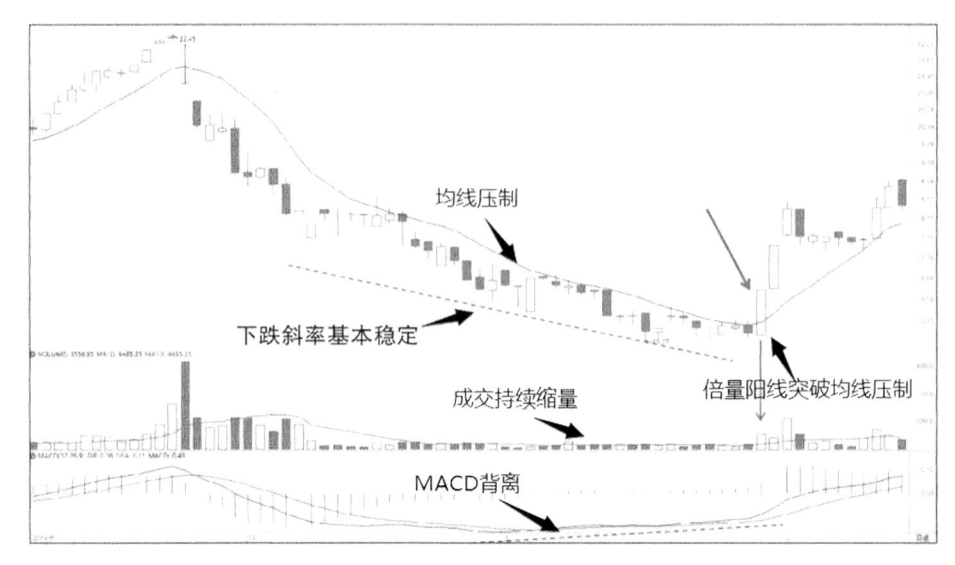

图 8-5　股票乙超跌反弹行情示意

需要对反弹过程中可能出现的反复态势有一定的思想准备。简单来说，如果在超跌反弹开始没多久后出现了一定幅度的下跌趋势，我们先不要惊慌，这很可能是正常的反复态势，要稳定心态。

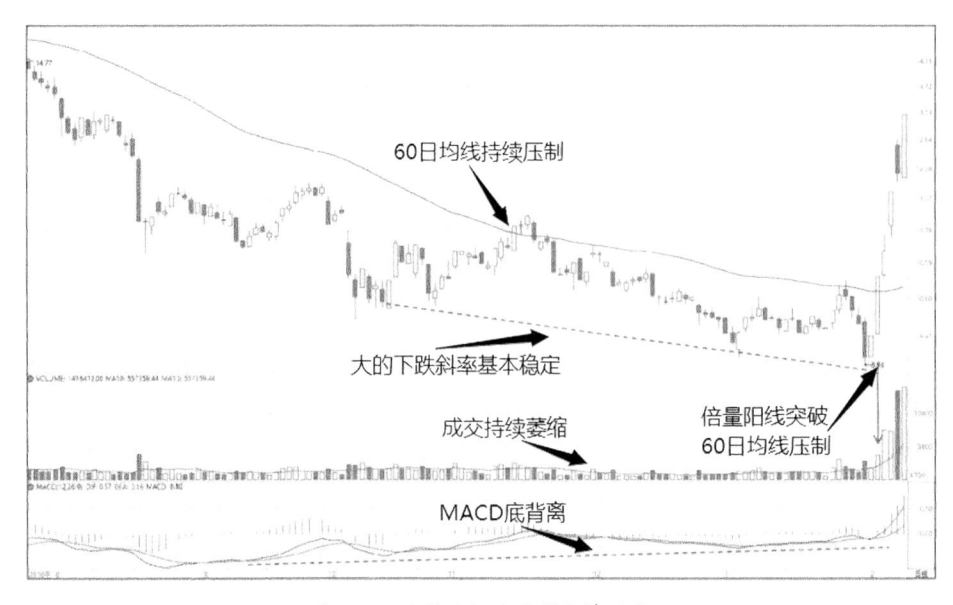

图 8-6　股票丙超跌反弹行情示意

8.2 遇到超跌反弹情形时应如何操作？

超跌反弹原本就是不合理的过度下跌导致的触底反弹的短期上涨行情，它本身就不是一个中长期趋势，更不会带来长期的牛市上涨行情。因此，在这个较短的区间内，我们该凭借哪些指标，又该如何抓住这段一蹴而就的行情，就成为操作的重点。本节将从超跌反弹买入的4大条件，以及识别危险信号、主动清仓两个方面进行讲解，并通过具体的案例使大家对超跌反弹的买入与卖出有一个更加清晰、深刻的认知。

8.2.1 超跌反弹买入的四大条件

超跌反弹买入的4大条件如下。

1. 股票大幅无量暴跌，无上档中长期均线压力

我们可以将无量暴跌简单理解为一只股票一直在下跌，成交量非常小。这是由空方力量远大于多方力量造成的，即无人承接这只下跌的股票。无量暴跌又分为单边无抵抗下跌、有抵抗下跌以及两种形态的合成这3种形态。无论是哪一种形态，其最终态势必须都是无量下跌，远离中长期的均线压力，不会将自己套到上档的套牢区中，为后期的反弹留充分的空间。

2. 当日股价反弹绝对涨幅大于5%，最好出现涨停板

股价1日内涨幅控制在10%左右，1/2位置作为支撑点或者压力点，因此涨幅5%在股价当日的走势中占有重要地位。如果在当日收盘时出现5%的实体阳线，甚至是涨停板，那么主力向上做多的意愿就非常明显了。我们此时买入大概率是稳操胜券的。

3. 看 10 日均线位置

如果某只股票的当日收盘价能够"站稳"10日均线，并且第一天上涨就能使10日均线从下跌变为稳定走平趋势，就说明其多方力量较为强劲。我们此时可以"上车"，顺应主力意愿。我们之所以要看10日均线的位置，是因为5日均线在股价长时间的下跌中已经完全成为表示股票均价的均线了，没有实际意义。而对于大多数处于长期稳定下跌态势中的股票来说，10日均线才是能够成为阻挡其继续下跌的第一条均线。因此，如果想看某只股票会不会超跌反弹，必须重视10日均线的位置。

4. 看日 RSI 和周 RSI 辅助指标

当日 RSI 指标进入 20 以下的超跌区，就说明该股票正处于短线超跌时期。同时，当周 RSI 进入 20 以下的超跌区，就说明该股票正处于中线超跌时期。这两个指标的多周期超跌共振为日后的股价大幅上涨提供了保障，避免出现突然下跌、跌穿底价的情形。

当以上 4 大条件出现时，我们就可以考虑入手了。如果除了以上 4 个条件，还出现了以下几种情况，那么这更是买入的大好时机。

第一，股票符合超跌反弹的基本条件，即股价处于长期持续稳定下跌的状态，涨停前的成交量长期处于缩量状态。

第二，股票在超跌时和该板块中的其他股票一起形成板块效应，集体共振。

第三，超跌的股票以放量的形式涨停。

8.2.2 识别危险信号、主动清仓

做任何交易都没有绝对安全的趋势，更何况做超跌反弹本身就是一次短线交易，因此我们要提前想好退路。短线交易更讲究速战速决，一旦失败或者嗅到危险气息，我们就要立即清仓。

因为做短线交易的本质是投资者要认清自己的操作周期，短线交易盈利

的最根本办法是在上涨回调时遇到支撑做多,在下跌反弹时遇到阻力做空。

在超跌反弹行情中,如果出现以下情况,我们需要立即识别危险信号,主动执行清仓操作。

(1)时刻跟踪超跌股,当发现个股出现放量动作,同时大盘出现反弹迹象时,就要果断出手,抛出股票。

(2)当个股的成交量出现天量(特大量)后又迅速萎缩,反差极大,日K线出现中阴线,或股价连续上涨后换手率超过10%,此时我们要小心股价马上就要见顶了。稳妥起见,我们此时可以先抛出一部分筹码,这样不管之后股价是否见顶,我们都不会亏损得很严重。

在清仓离场时,我们要时刻谨记:遵守规则是最可贵的投资品质之一。一个成功的投资者从不轻易买入或卖出,而是等待明确的买入信号和卖出信号出现。一旦信号出现,就当机立断地执行自己早已明确的操作策略,整个操作流程定性化、定量化、标准化、系统化,没有模棱两可的概念,如"差不多该买了""买大概三四万元的筹码"等。投资者在执行操作信号时,应当具有高度的自律性,严格执行交易规则是投资成功的最大保障。

所谓"心中有城府,掌中有乾坤"。当我们面对股市中的大起大落能做到处变不惊时,我们就能够持仓不忧、买卖不惧,这样利润自然而然地就会向我们奔涌而来。

8.2.3 为什么有些股票走不出超跌反弹?

本节我们就将用4个案例来探索为什么有些股票走不出超跌反弹行情。

案例1:股票甲为何难以走出超跌反弹行情?

股票甲为何难以走出超跌反弹行情呢?如图8-7所示,因为支撑其走出超跌反弹的条件并不是特别充分。首先，在必要条件方面，均线压制没有问题，这一下跌阶段的确都在均线的压制下，同时下跌斜率也基本稳定，成交量也持续萎缩。然而，MACD底背离不是很明显，顶多算是弱底背离，反弹上升空间明显不足。其次，在充分条件方面，虽然股票甲确实走出了倍量阳线，但从图中可以明显看出来，倍量阳线对压制均线的突破非常勉强，所以接下来很快就走出了新一波的持续下跌行情，完全没有超跌反弹的趋势。遇到这种情况，我们的止损动作必须坚决和果断。

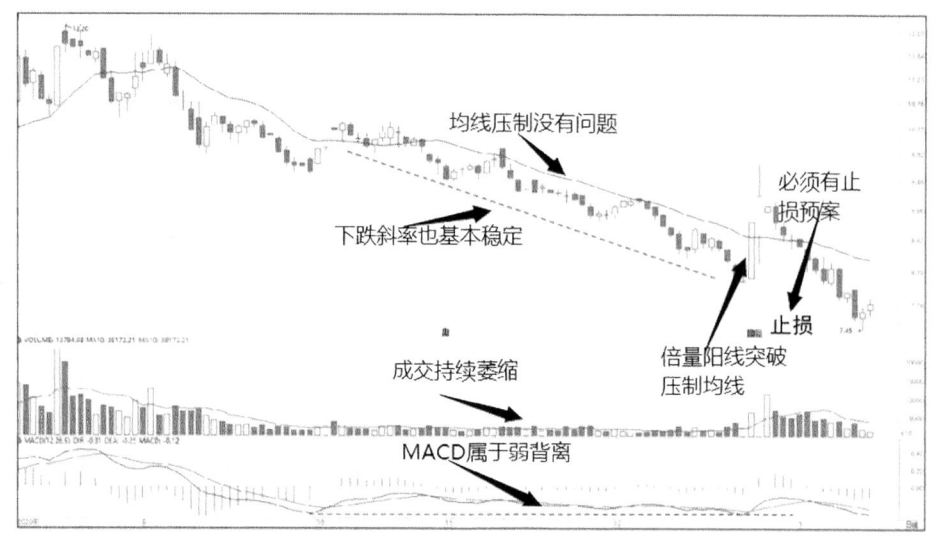

图8-7 股票甲难以走出超跌反弹行情示意

案例2：股票乙能否走出超跌反弹行情？

股票乙能不能走出超跌反弹行情呢？如图8-8所示，支撑股票乙走出超跌反弹的条件也不够充分。首先，在必要条件方面，10日均线压制没有问题，下跌斜率也基本稳定。但既然选择了10日均线压制，那么就说明此次我们对超跌反弹行情的预期是建立在超短线基础上的。而虽然股票乙的成交量处于持续萎缩的状态,但是MACD底背离不是很明显,甚至非常勉强,顶多算是弱底背离。其次,在充分条件方面,倍量阳线对压制均线的突破比较明显,但接下来能否走出新一波行情还有待观察,因为底背离的形态比较弱,不能准确判断空方动能确实处于不断衰竭之中。所以,如果我们想要在此时买入这只股票,就必须做好两手准备。如果再遇到反转下跌的情况,我们必须坚决、果断地止损。

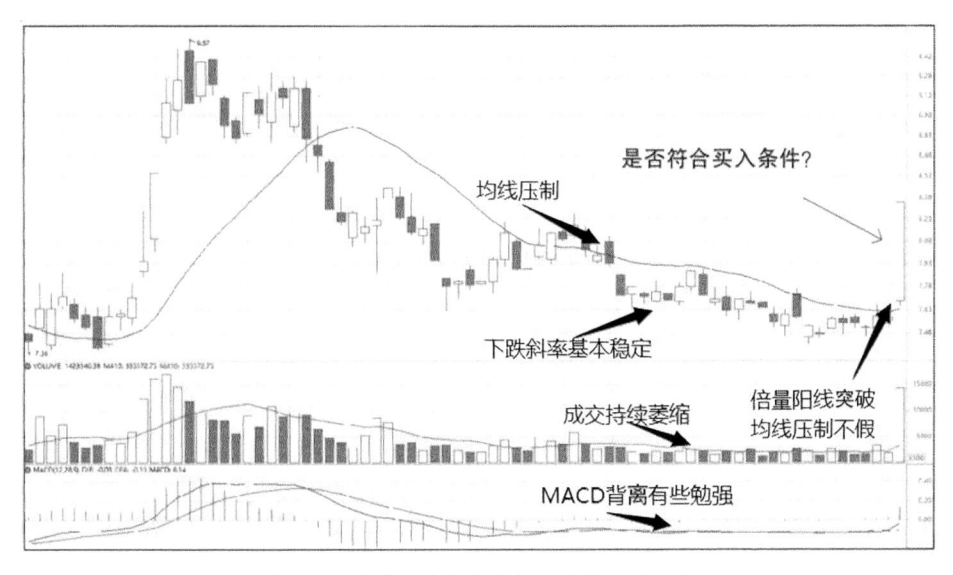

图8-8 股票乙没有走出超跌反弹行情示意

案例3:股票丙能走出超跌反弹行情吗?

股票丙能否走出超跌反弹行情呢?如图8-9所示,从这只股票的总体走势来看,答案是否定的。我们可以清晰地看到,股价一直受压于25日均线;下跌斜率也算稳定,没有出现大的波动;成交量也处于持续萎缩状态。但MACD没有出现明显的底背离特征,而且虽然出现了倍量阳线,但很明显,主力做多的意愿并不强烈,因此倍量阳线也未能有效突破压制均线。综上所述,在短时期内股票丙很难走出超跌反弹行情,投资者需要继续观望。

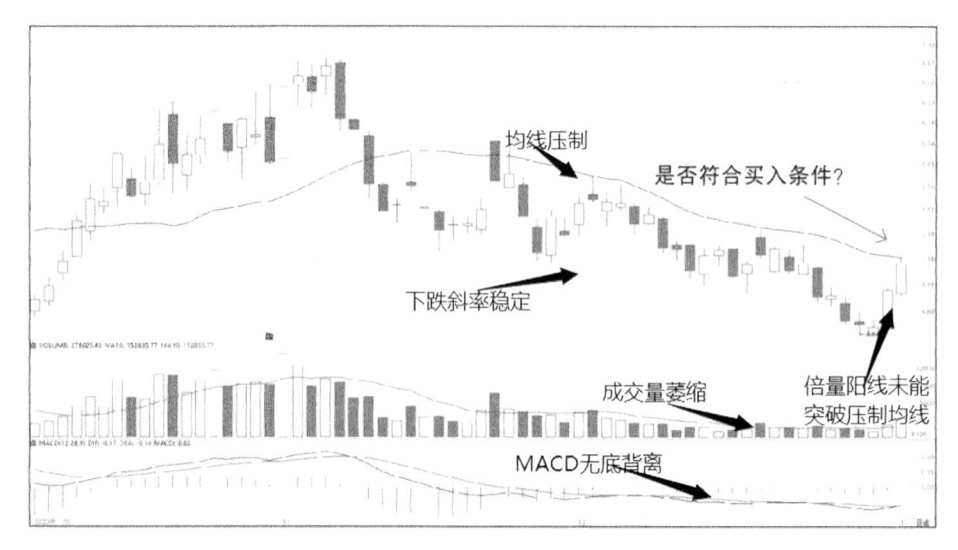

图8-9 股票丙的股价行情走势示意

如果在倍量阳线之后，这只股票的股价上涨了一段时间后又继续下跌，在走出一段平稳持续下跌的趋势后，这只股票的成交量持续萎缩，MACD出现了强底背离的态势，再次出现能够突破压制股价均线的倍量阳线，那么此时我们就可以断定：接下来这只股票有很大的可能性走出超跌反弹的行情。

因此，判断一只股票能不能走出超跌反弹的关键要素，不在于股价是否持续稳定下跌，因为既然是超跌就一定会有大幅下跌的行情过程，因此判断其能否走出超跌反弹的关键就在于空方动能是否持续衰竭，是否给后续的股价反弹留出了足够的空间。而倍量阳线突破均线则代表了市场中的大部分投资者（包括主力和散户）做多的意愿。特别是主力，主力做多的意愿越强，倍量阳线突破均线的可能性就越大。但如果主力做多与做空的意愿相差不大，倍量阳线突破均线的可能性就不大，即使突破了均线也很难走出后续的反弹行情。

案例4：股票丁能走出超跌反弹行情吗？

股票丁能不能走出超跌反弹行情呢？从图8-10所显示的各项条件来看，

确实很难判定,即使这只股票走出了超跌反弹行情,后续发展情况可能也不是很好。相较于前几个案例中的股票,这只股票的均线压制和下跌斜率都算不上稳定,特别是下跌斜率的起伏很大,成交量萎缩也一样。从图8-10我们能够明显看出,成交量时大时小,没有按照某个统一的趋势发展。而且MACD同样缺乏底背离特征,几乎呈一条直线向下倾斜。

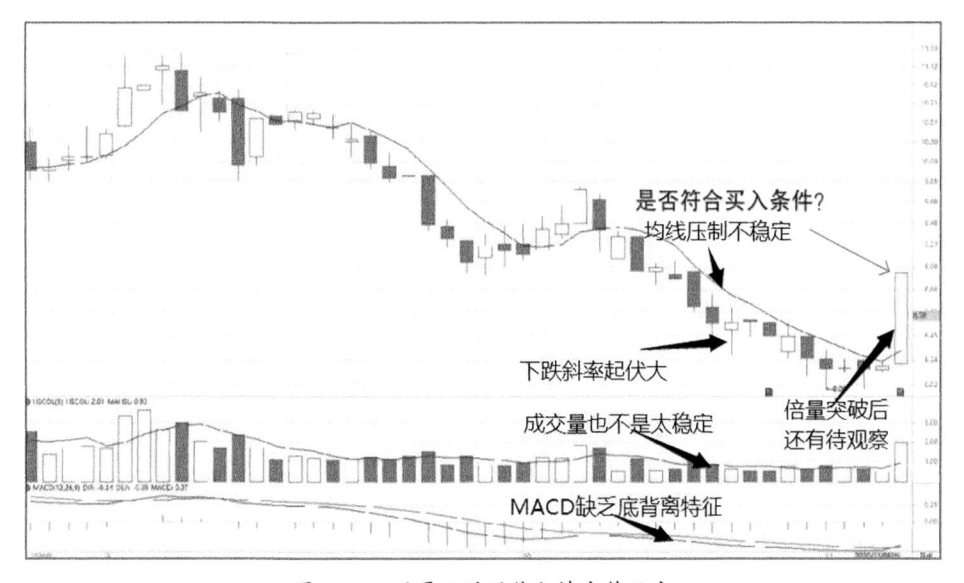

图8-10 股票丁的股价行情走势示意

在这种情况下,倍量阳线虽然突破了均线压制,但后续行情很难预测。最根本的问题出在对超跌反弹行情的预期上。因为图8-10中是把5日均线设为压制均线,这等于是在做超短线行情,很难把握这只股票的后续发展。如果把压制均线的周期调大一些,情况或许能够有所好转。

第 9 章 把握底部建仓后起涨点

在很多投资者眼中，似乎在牛市中赚钱是天经地义的事，然而实际情况可能与他们想象的大不一样。很多时候，牛市的钱并不好赚，甚至许多投资者在牛市中更容易赔钱。即使是在2007年和2015年这样的普涨大牛市中，也有将近一半的投资者是亏钱的。或许有人会觉得这不可思议，但事实就是这样"骨感"。

我认为，大家还是应该牢记一句话：牛市熊市都可以赚到钱。投资高手在熊市中赚钱是常事，在牛市中也会赚得更多。当然，即便是在上涨环境下，在股市中赚钱也得讲求章法，切记不可盲目追涨杀跌。

9.1 "狙击"主力底部建仓后起涨点的必要条件

很多投资者会跟随主力一起建仓，我们都知道跟随主力建仓往往能够获得一定的收益，但获得收益的前提是选对建仓的时机。如果我们跟随主力买在了股价上涨到顶部区间的位置，很明显，我们就成了高位接盘的人，亏损是必然的。因此，我们必须学会"狙击"主力底部建仓后的起涨点，买在低点，才能获得理想的收益。本节我们就来探究"狙击"主力底部建仓后的起涨点有哪些必要条件，以及该如何把握这些必要条件。

9.1.1 引入大周期的均线系统

既然我们是要"狙击"主力底部建仓后的起涨点，也就是打算捕捉股票上涨调整中的机会，那么我们就必须关注强势急涨行情。

首先，我们要清楚什么是强势急涨行情。根据笔者在股市中总结的经验，强势急涨行情的判定标准主要有两点。

一是MACD在上涨之前就处于0轴上方，表示其处于强势市场环境中。

二是急涨行情展开后，股价上行走出大斜率趋势A浪。

在股市中，投资者往往需要借助各种数据指标来帮助自己判断目标股票的发展趋势，同时要结合时事新闻、各种投资理论和技术，对股票发展的短期、中长期走势做出准确判断，从而做出买入、卖出或继续观望的操作决定。很多投资者都会通过一些股票软件来获得有用的信息。

在所有的技术指标和形态中，均线系统对判断股票趋势的作用最大。因为它能够对短期、中期和长期的趋势做出较为准确的判断，并且周期越长，判断的准确性就越高。如果我们能够引入大周期的均线系统，那么我们完全可以忽略股价一时的涨跌起伏，不管在短期内股价如何波动、震荡，中长期的趋势都是相对稳定的。可以不夸张地说，不管在哪个股票辅助软件中，只要我们学会看均线系统，我们的投资回报就有了稳定的保障。

均线系统一般由短期均线、中期均线和长期均线等多条均线构成。在不同的股票辅助软件中，均线周期并不相同。一般情况下，股票辅助软件提供的默认均线为5日均线、10日均线和30日均线。5日均线体现的是5个交易日的平均价格，10日均线体现的是10个交易日的平均价格，30日均线则体现的是30个交易日的平均价格。

根据周期参数的长短，均线可以被分为短期均线、中期均线和长期均线3种类型。

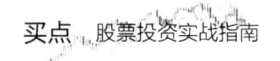

1. 短期均线

短期均线主要包括5日均线和10日均线，二者分别代表了1周和2周的平均股价。短期均线的作用在于揭示股票市场的短期震荡行情，投资者可以利用其做出买入、卖出或继续观望的决策。

2. 中期均线

中期均线主要包括20日均线、30日均线和60日均线。20日均线代表一个月（4周）的平均股价，经常在中短线交易操作中被用到。相比之下，30日均线和60日均线（季线）的稳定性更强，能够明确指出股市中的中期波动方向，大多数投资者在进行中线交易操作时都会以此为重要依据。

3. 长期均线

长期均线并不常见，一般情况下会被用到的长期均线是120日均线和250日均线。250天几乎是股票一年的开市时间，因此，250日均线也常被投资者称为年线。而相对地，120日则代表着半年的股市周期，因而常被称为半年线。长期均线表示股市行情的长期趋势，具有相当高的稳定性。

在牛市中，均线一般朝上，K线在均线上方运行，代表主力做多的意愿比较强烈，股价将持续上涨。例如，在牛市中重仓布局，我们就可以利用30日均线抓住主要买点。因为在牛市中最重要的是要找到长线趋势改变的第一个入场点，而30日均线方向朝上，价格实现了有效突破，来到了均线上方，这正是我们需要抓住的买入点。

9.1.2 引入筹码概念

如果想要成功"狙击"主力底部建仓，除了引入大周期均线系统，我们还要引入筹码概念。对于普通投资者来说，最好的股市行情应当是涨的时候必须急涨，但跌起来则应该慢跌，这样才有进一步的盼头。

我们可以把A浪急涨后紧接着出现的调整视为B浪调整。而B浪调整方式可能是水平调整，或者是稍稍倾斜的调整，但绝不能是急跌性质的调头向下调整，否则整体的行情走势性质就不好把握了。

筹码是投资者必须理解的基础知识点，因为各大股票辅助软件都有筹码这个指标。以同花顺为例，投资者进入K线界面，在界面的右下角点击"筹"或"焰"，再将鼠标滑动到K线部位，从左向右连续滑动鼠标，就可以看到筹码随交易日的变化而出现的各种形态变化。

很多投资者认为筹码就是股票的另一种说法，买入多少筹码就等于买入多少股票，这种理解不算错，但并不全面。实际上，筹码可以特指流通股票持仓成本的分布，而且筹码按照不同的属性可以分为不同的类型。

（1）按照流动性快慢，筹码可以分为浮动筹码和锁定筹码两种类型，二者之和等于个股流通股本。

（2）根据持有者性质不同，筹码可以分为主力筹码和散户筹码。

（3）根据交易权限不同，筹码可以分为限制交易筹码和自由交易筹码。

（4）根据行情软件筹码分布显示不同，筹码可以分为隐性筹码和可视筹码。

（5）根据盈亏状况不同，筹码可以分为获利筹码和被套筹码。

筹码的概念并不复杂，是股市中主要的参考指标之一。例如，在震荡行情中，根据筹码指标，在筹码密集区被攻陷后跟随套利就是某些游资的主要套利模式。虽然股市中投资者的整体认知度都有了很大的提升，像以前一样只依靠筹码进行分析已经无法保证高回报率，但了解筹码的概念仍然是当今投资者要学的基础课程之一。在熊市做断层、牛市做新高是根据股市的不同情况所采取的不同个股逻辑。

筹码结构指的是筹码堆积区域。在股价上涨的过程中，筹码结构会对股价形成压制；在股价下跌的过程中，筹码结构会对股价形成支撑，即接盘。筹码对股市行情的影响在于筹码能够解放股市前期套牢盘压力对于量能的要求，同时还会对持筹者造成心理上的影响。而股市中股价新高的爆量压力主要来自筹码对持筹者的心理影响。

在牛市中，最普遍的历史新高股是业绩大牛。例如，曾经海螺水泥凭借过硬的实力，在2017年突破了2015年牛市的高点，创下了新的牛市纪录。在股市上攻的过程中，主力机构不断吃进筹码，最终持有大量筹码，市面上流动的浮动筹码越来越少，所以很多时候成交量会表现为股价越涨越缩量，类似于强庄股那样。二者之间的区别是庄股会用对倒来放大成交量，并且做出大单吃货盘口，引发散户跟风，实际上这是一种作假行为，而主力机构不存在这个动机，主力机构也不会作假吸引散户跟盘。

9.1.3 量能要保持相对稳定

除了要引入大周期均线系统和筹码概念，股票的行情也要保持相对稳定，也就是量能要保持相对稳定。

量能保持相对稳定即B浪调整不能破底线。具体来说，就是在B浪形成期间，MACD不破0轴，或者股价不破关键支撑位。股票调整后能否继续上涨，必要条件都涵盖在图9-1中，笔者用"急涨慢跌不破底"7个字对其加以概括。

如图9-1所示，A浪的上涨斜率明显非常大，符合急涨的条件，而之后的B浪要么呈持平状态，要么呈现缓慢下跌的态势，并且下跌的幅度明显没有到达A浪的起涨点，即底线价格。

如果一只股票呈现长期上升的趋势，但量能一直在缩小，就说明这只股票是由长线庄主导的，如基金。因为股价上升，基金吸货，浮筹就会减少。而如果股票的价格一直上涨，量能在放大，就说明这只股票主要是由游资主导的，因为股价的上升把以前的死筹盘活了。

在考察股票的形态时，我们需要注意形态好并不是指表面形态好，这是很多投资新手容易犯的错误，认为盘面好看就是形态好。正确的做法应该是

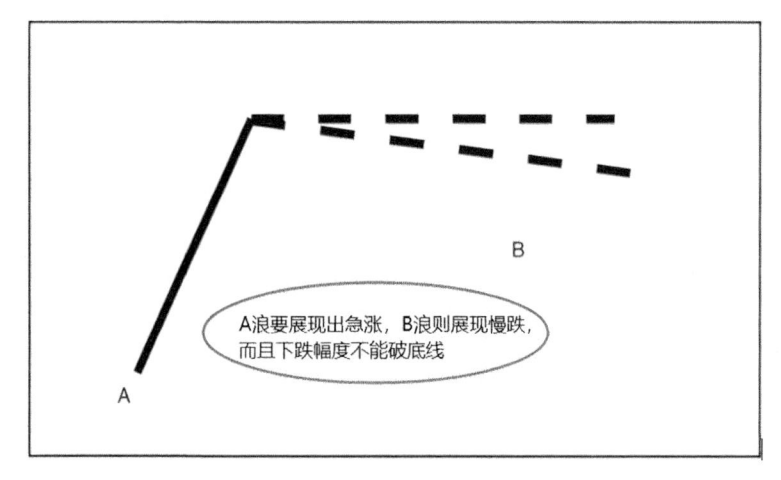

图9-1 股票调整后能够继续上涨的必要条件

(图中文字：A浪要展现出急涨，B浪则展现慢跌，而且下跌幅度不能破底线)

从形态、量能来判断主力是不是还在，主力有没有出逃。如果这只股票里没有主力，筹码比较分散，那么就有利于我们收集筹码并派发。

而在考察一只股票的位置是否良好时，我们要看的并不是该股股价的高低，而是要看股价与主力介入成本的关系。如果股价低于主力介入成本，那么不管股价在高位还是低位，这只股票就是在好位置；反之，这只股票所处的位置就不太理想。

在这个过程中，我们要学会从分时上辨别个股的强弱。一个分时走势极弱的个股在当天没有什么价值可言，而强势的个股在分时上必然有所区别。这考验的主要是我们做短线的经验。

在股市中，强弱是相对的。衡量个股强弱的标准主要有3个，第一个是大盘，第二个是同板块的个股，第三个则是该股以前的K线、分时线、量能等。

即便一只个股的分时走势强于大盘，我们也不要贸然买入，而是要观察其所属板块的强弱。经常出现的一种情况是，某只股票的走势虽然强于大盘，但是同板块中的许多个股走势都强于它，这只股票的涨幅甚至低于该板块的平均涨幅，那么这样的强势很显然就失去了参考意义。所以比较的第一步通常是选出领涨板块。

在选出领涨板块之后，我们就要对比该板块中的龙头股，因为短线交易看的就是龙头股。而找龙头股的方法有两种：一是看K线形态，K线形态率先启动或率先调整完毕的个股才能成为龙头股；二是看分时，分时呈现上涨极大放量而下跌极度缩量的就是强势品种，涨幅居前、涨停启动的才能成为龙头股。

以上两种寻找强势个股的方法是牛市中极为理性的操作方法，而在面对不那么理想的股市行情时，我们就要对个股和大盘直接进行比较以辨强弱。

首先，个股形态不能太差。如果主要均线都是空头形态，那么很明显它就没有参考价值。只有个股形态5日均线和10日均线形成金叉，这样才可能量能稳定。

其次，个股分时的强势存在以下3种情况。

一是大盘处于跌势，个股逆势拉升。

二是大盘处于跌势，个股横盘抗跌。

三是大盘横盘，个股飞扬。

最后，如果突破平台，股价猛增，量能微涨或一般，说明主力洗盘彻底，没有抛压，股价后续上涨的可能性很大；但如果此时量能不稳，直接暴增，说明抛压很重，但是主力决心很大，股价大概率会继续上涨。如果股价只是微涨或者冲高之后又回落，量能明显大增，说明抛盘很重，没有主力承接，股价后续很可能继续调整或回落；如果量能没有大的变化，或者量能反而缩小，说明主力目前还没有拉升的决心。

简单理解，量能的重要性超过股价。量能增加，如果没有特殊情况，股价就会跟着往上升；量能如果提前到顶了，股价基本就会跟着到顶。如果股价想要突破前期高点，量能也必须突破前期的最高量。

9.2 实操指导:"狙击"主力底部建仓后起涨点的方法

前面我们讲解了"狙击"主力底部建仓后起涨点的必要条件,本节根据多个案例,具体介绍"狙击"主力底部建仓后起涨点的方法。

9.2.1 具体案例具体分析

下面我们将结合具体股票案例,阐述如何"狙击"主力底部建仓后的起涨点。

案例1:股票甲起涨点信号非常明确

如图9-2所示,股票甲的起涨点信号非常明确:一是筹码在股价底部区域呈现单峰密集状态;二是在筹码密集分布区域内股价偏差幅度很小,约为10%;三是筹码获利比例超过60%。因此,这时候进场很有希望买在拉升行情的起涨点。

案例2:股票乙的起涨点信号不但明确,而且非常稳定

如图9-3所示,股票乙的起涨点信号很明确,也非常稳定。首先,均线系统已经呈多头排列,而且是在连续小阳的基础上实现的,并且放量K线突破了筹码分布区域的上沿;其次,筹码区股价偏差幅度控制在20%以内,而且筹码获利比例高达75%以上。如果不出现大的意外,股票乙后续的拉升空间相当可观。

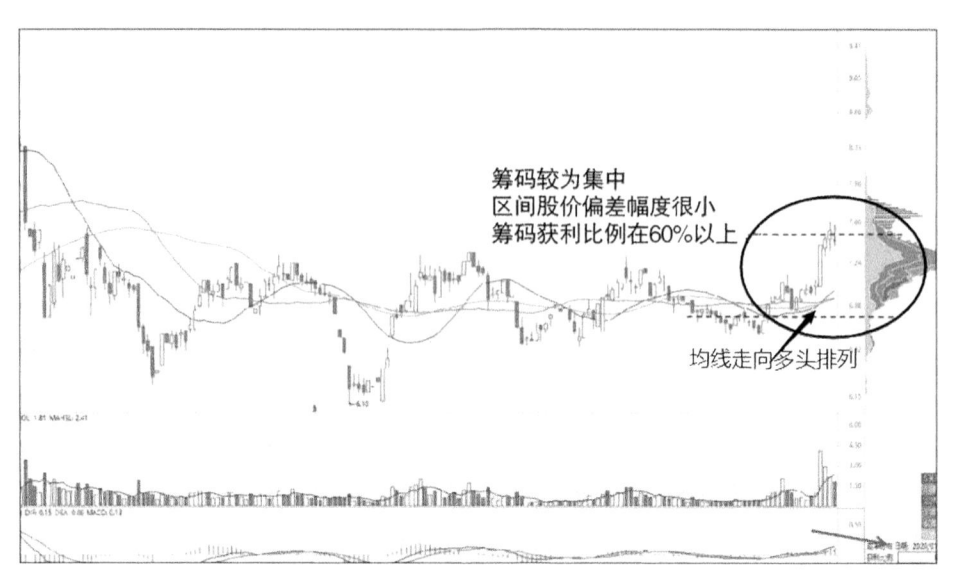

图9-2 股票甲的起涨点信号非常明确

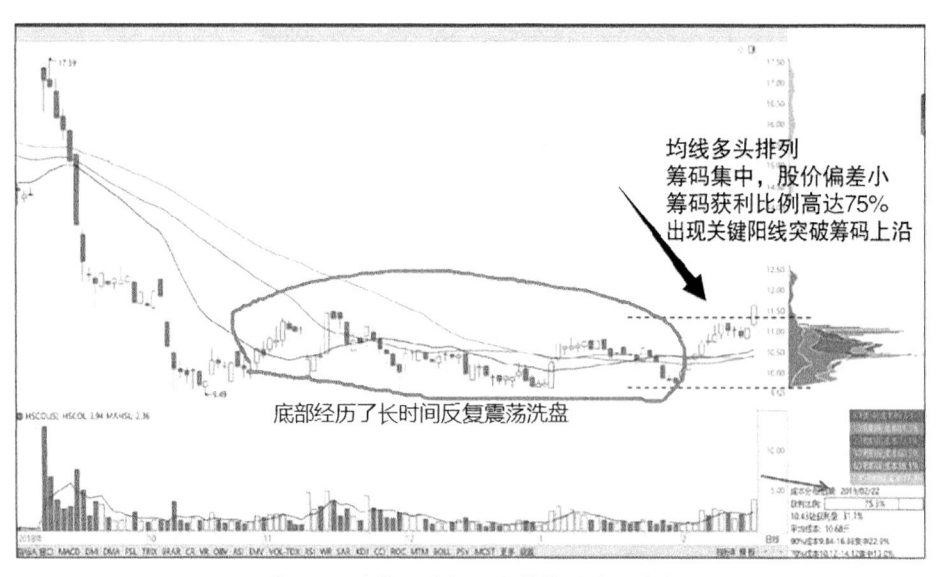

图9-3 股票乙的起涨点信号明确且稳定

案例3：股票丙起涨点信号不够明确

如图9-4所示，股票丙的起涨点信号不够明确。例如，均线多头排列迹象不够明显，而且股价处于持续震荡状态。但是，从图9-4看还是有一些起涨点到来的信号，例如，筹码比较集中、获利比例高达73%、筹码区股价偏差幅度在20%以内。

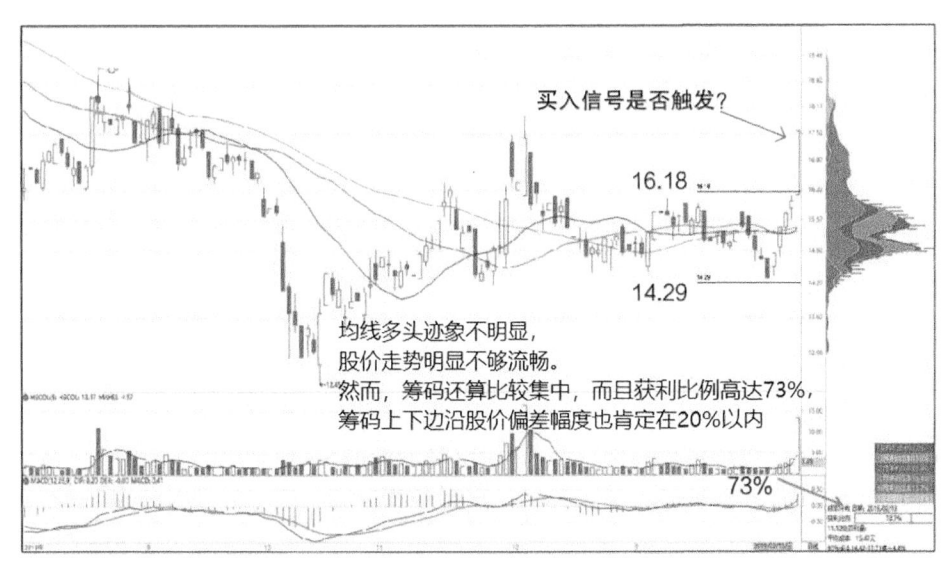

图9-4　股票丙的起涨点看似有些勉强

如图9-5所示，股票丙在出现起涨点信号后，短短两个月内，股价上涨幅度高达1倍以上。而在大幅拉升之前，这只股票处于持续宽幅震荡状态。尽管起涨点信号已经出现，但很多投资者对此将信将疑，而越是这种情况，行情涨得越疯狂。股票丙的情况启发大家反思一个问题：为什么自己的执行力总是不到位，是缺乏过硬的交易系统，还是自身性格原因导致的？

案例4：股票丁起涨点信号是否明确？

如图9-6所示，股票丁该有的起涨点信号都有：筹码集中度非常高，获利盘高达90%，筹码分布区间内股价偏差幅度在20%以内，而且均线系统开始走向多头排列，突破筹码上边沿的关键K线出现。如果说还有什么不足的

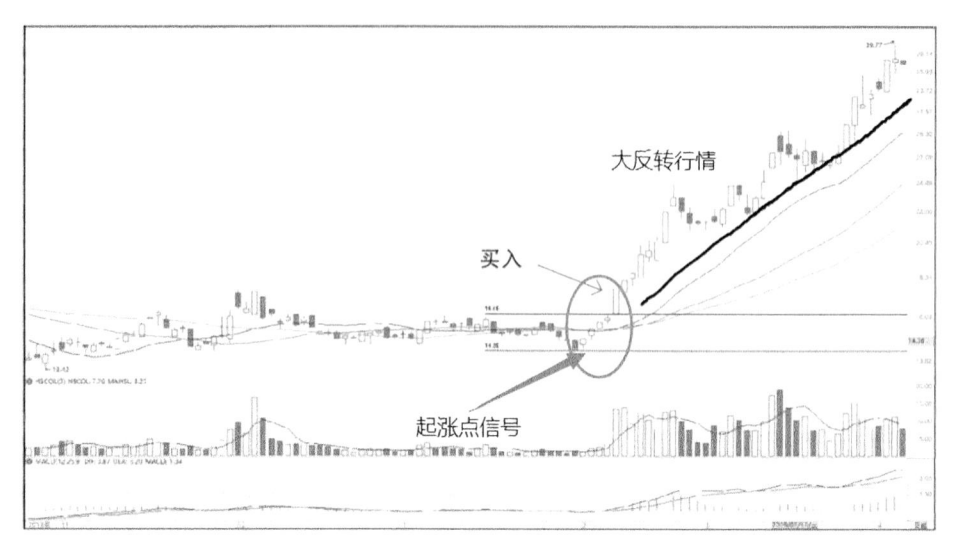

图 9-5 股票丙走出反转行情

话，就是股价震荡比较频繁，买入后行情能否快速拉升，存在不确定性。能否从投资中获利并不是完全取决于投资者是否聪明，在一定程度上还取决于投资者是否坚定自己的选择。股票丁在后期走出了一波猛烈上涨的行情，如图 9-7 所示。

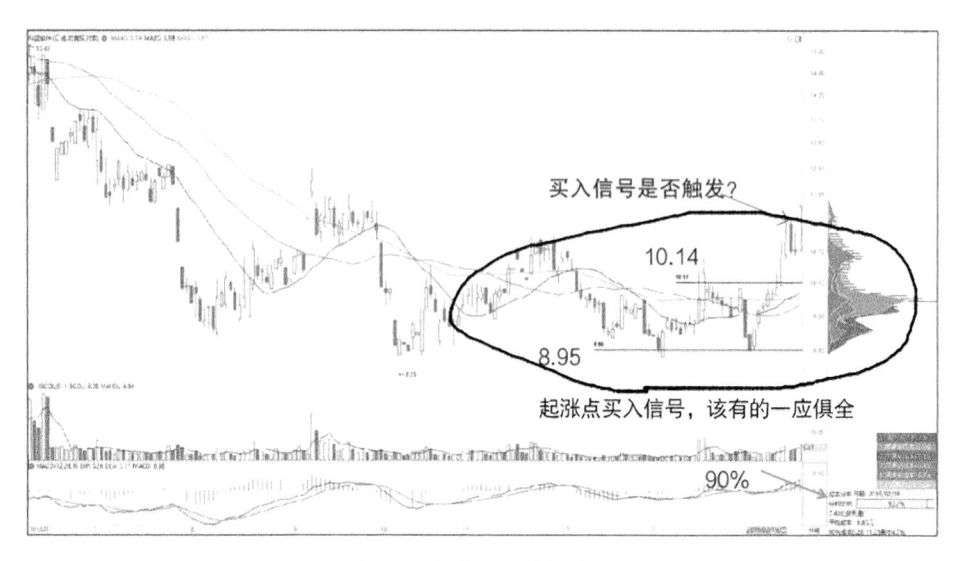

图 9-6 股票丁的行情走势

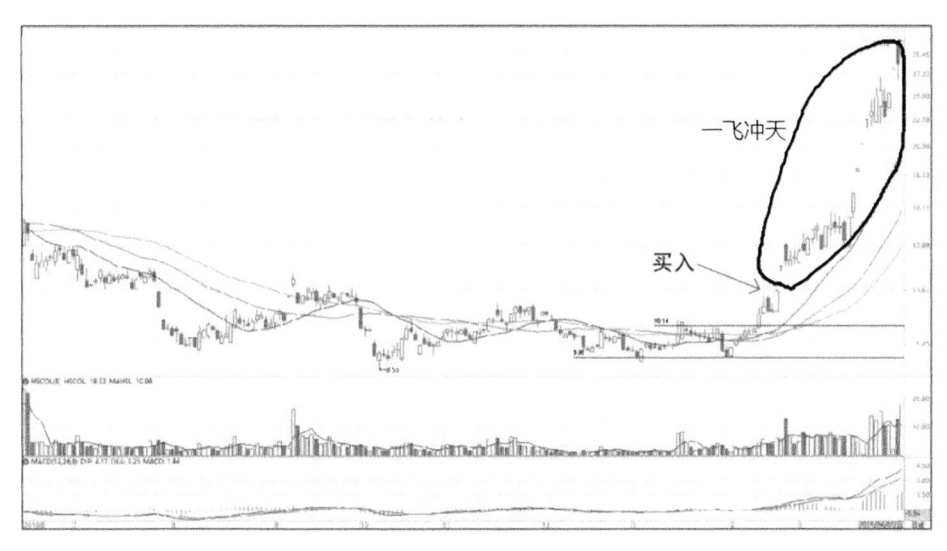

图9-7 股票丁的行情猛烈上涨

9.2.2 买在起涨点前的心理战

在股市中浮沉，人与人之间的心态差距非常大。很多时候，获利者与失败者在策略上并没有太大的差距，差距往往体现在心态上。就像主力洗盘一样，主力洗盘洗掉的都是心态不够稳定的人。心态越稳定的人，越能沉得住气，越有可能打赢买在起涨点前的心理战。

下面我们用一个案例讲述赢得买在起涨点前的心理战究竟有多重要。如图9-8所示，以下这只股票这种情况可以买入吗？

该股该有的起涨点信号都有，如筹码集中度、获利比例、筹码区间内股价偏差幅度等，都符合买在起涨点的要求，但股价走势看起来很不顺畅，有一些震荡。那么，在这种情况下，我们到底该不该买入呢？

既然不确定性是投资中的常态，那么我们可以退而求其次，寻找相对的确定性。因为股市中不存在100%确定的上涨行情，就连利润丰厚的主升浪行情也是如此，所以只要确定能买入，我们就要及时买入；如果出现意外，则要及时离场止损。

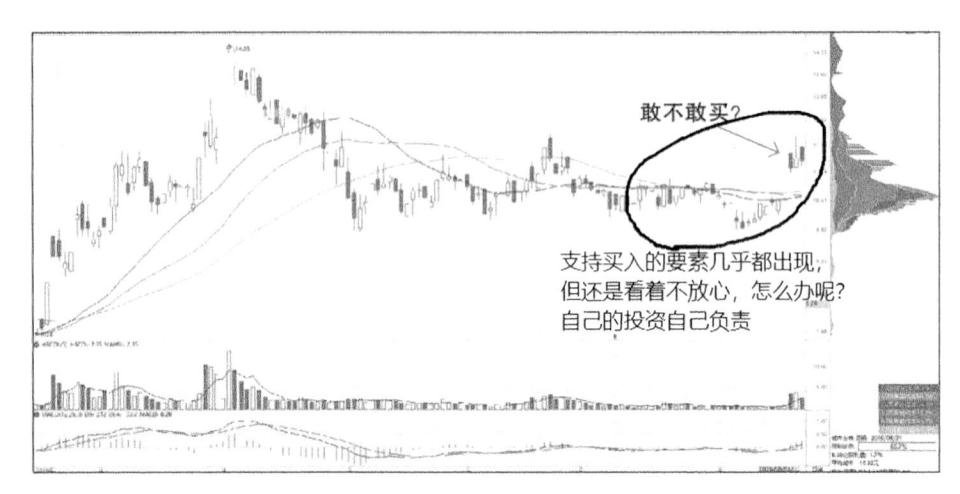

图9-8 某股票的行情走势

第 10 章 盯住上涨调整后的机会

本章将向大家分享如何有效捕捉牛股强势上涨后的买入机会。对于已经上涨了很多的股票，我们应该尽量在其调整之后找机会"上车"。从本质上来说，行情是不可预测的，但可以展开逻辑推理。以捕捉牛股强势上涨后的买入机会为例，从理论上来说，调整过后的行情只存在两种可能性：要么股价继续上涨，要么重回下跌行情。为此，我们必须明白一些底层逻辑：假如一只牛股上涨调整后继续上涨，出现这种行情的必要条件是什么，充分条件又是什么？本章接下来的内容将主要围绕这一点展开。

10.1 论股票调整后继续上涨的必要条件

当股票调整之后，接下来的行情是上涨还是下跌，并没有明确的定论。股价继续上涨当然是每个投资者都希望看到的事情，那么我们该怎样判断股价是否会继续上涨呢？本节我们就来看股票调整后继续上涨的必要条件有哪些，以及我们该如何把握这些必要条件。

10.1.1 急涨：上涨表现为强势急涨

在股票市场中，股票出现急速上涨的行情就意味着有强势主力机构或多头资金在短期内很看好这只股票，这只股票至少在短期内的涨幅是比较大的，不必担心下跌，因此市场对其投资积极性也比较高。反之，当股票出现快速下跌时，就意味着大规模的空头资金并不看好股价短期的上涨空间，因此这些空头资金要将筹码规模性卖出。此时，这只股票在短期内处于弱势阶段，市场资金抛售积极性较高。

在股市中，全板块股票持续上涨叫牛市，大部分股票持续下跌叫熊市。在熊市时，股票会出现单边下跌阶段，股市有很长一段时间都处于绿盘阶段，这也是我们常听到的"A股好绿啊"。即使此时有部分股票出现红盘，大部分也都是快速反弹，待短期的反弹行情一结束，这只股票就会重回下跌状态。因此，牛市也被称为多头市场，指市场行情普遍看涨且持续时间长。而熊市被称为空头市场，通常指的是行情普遍看淡并且持续下跌。

而在市场单边上涨和下跌时，我们会明显发现一个现象，那就是在牛市单边上涨的阶段，市场大部分时间都属于红盘阶段，而出现下跌的阶段都是急跌，短期快速完成调整，就能重回上涨阶段。

急速上涨形是股票交易过程中出现的一种技术图形。急速上涨形的形态特征是：短期移动平均线，主要是5日移动平均线，由震荡状态突然发力急速向上，而且斜率很大。

而急速下跌形指股价呈现自由落体运动，直线下跌，形成尖角走势。出现这样的行情说明前期股价已经大幅上涨，主力机构获利丰厚，开始抛售操作，巨单连续砸出，使股价迅速回落，形成尖角走势。

在股市中，慢涨急跌意味着浮盈多，利空信号出现时，投资者往往选择卖出。而急跌慢涨意味着浮亏多，在这种情况下即使出现利空信号，投资者往往也不会卖出，甚至还要加仓以降低平均成本。

那么在股市中，我们该怎样判断急涨的真实性呢？答案如下所示。

（1）急涨后股价又回到起涨点之下，这样的急涨往往是虚假的。

（2）大盘中交易量低，几乎整个过程都处于极度缩量状态，急涨往往是虚假的。

（3）股价急涨，但成交并没有大的放量，急涨往往是虚假的。

（4）股价在明显的顶部区域突破近期前高，这样的急涨往往是虚假的。

与股价急涨相对的是急跌，下面我们来看急跌的真实性判断标准是什么。

（1）急跌后股价又回到起跌点之上，这样的急跌往往是虚假的。

（2）大盘中交易量高，没有长期处于极度缩量状态，急跌往往是虚假的。

（3）急跌没有较大的成交量配合，往往是虚假的。

（4）股价在明显的底部区域，跌破近期前低的急跌往往是虚假的。

10.1.2　慢跌：调整期间下跌比较平缓

对于普通投资者来说，急涨慢跌才是好的行情。急涨慢跌表示短期内大盘股的收益很多，一些主力机构开始寻找机会减仓，让资金流入小盘股中。接下来可能会出现小盘股涨而大盘股不涨的情况。

急涨慢跌究竟是出货还是洗盘？这需要根据股市的具体情况来判断。如果股票是在突破底部平台后出现急涨慢跌现象，那么有主力洗盘出货的嫌疑；如果是在股价上涨过程中出现急涨慢跌的现象，那么主力往往是要洗盘吸货；如果是股票经过顶部震荡之后急涨慢跌，那么往往意味着主力出货。

投资者需要根据大盘状态来分析急涨慢跌情形，通过分析整体盘面的特征判断未来趋势，切忌只根据某只股票的涨跌进行分析。

不少投资者会疑惑，为什么很多时候慢跌过程中有大单进入，但股价依旧持续下跌？导致这种现象的原因有以下三种。

第一，大单进入后股价继续下跌，可能是因为在压力之下，市场情绪十分悲观，即使有大单进入，也难以鼓舞士气。这种情况通常发生在慢跌行情的中后期。这时投资者在压力之下对市场较为恐惧，往往会抛售股票。

第二，大单进入后股价继续下跌也可能是主力在出货。在这种情况下，主力一般有大量筹码，但直接出货会引发大量抛盘，因此常常会分批出货。前期股票拉升到高位后，在股票震荡阶段主力已经抛售了大部分筹码，之后的股价不足以维持高位，开始缓慢下跌。在这个过程中，为了将手中剩余的筹码顺利抛售，主力往往会利用自有账户大单买入，造成放量上涨的迹象，吸引其他投资者跟风买入，然后再停止买入，悄悄把剩余的筹码卖出。换言之，这种情况下的大单进入只是一种障眼法。

第三，市场中活跃的成交现象可能只是一种假象。随着交易费率不断降低，通过大量交易制造反转成为市场中的常见现象。很多交易只增加了成交量但不提升股价，在这种情况下，即使有大单进入，股价也不会上涨。

10.1.3 不破底线：跌幅有限，不破重要支撑

"急涨慢跌不破底"这一现象经常在主力洗盘时出现。我们已经知道了急涨慢跌背后的逻辑，那为什么还要不破底呢？这就与主力洗盘的目的有关了。

主力洗盘是为了通过涨跌的震荡走势，吓退信心不足的散户，洗去浮筹。所以他们肯定会制造出疲弱的盘面假象，甚至通过走势猛烈的跳水式打压，让散户产生"一切都完了"的错觉，在惊恐中抛出手中的筹码。这其实是一种心理战术，很多散户认为自己在股市沉浮多年，觉得自己有足够的把握能识别出这种心理战术。但是当自己真的遇到了这种战术，涉及自己的利益时，则很可能将理智抛之脑后。在散户抛出筹码后，主力就可以坐等低价吸筹了。

而主力也会在关键的技术点位采取护盘行为，这是为什么呢？答案很

简单，主力要让另一批看好后市的散户持股，以达到提升平均持股成本的目的，减轻后期拉升股价的压力。同时，在实际的高抛低吸中，主力也可兼收一段差价，以弥补自己在拉升阶段付出的较高成本。此外，主力要将那些跟风买入的小散户洗出去，防止他们获得的利润太大，在关键价位向下抛股票，把自己给套住。因为主力虽然资金规模大，但终究比不过所有散户加在一起的资金规模，如果散户有了统一的思想，那么主力就很难赚到钱了。

那么主力究竟为什么要护盘，不让价格跌破底线呢？原因如下。

首先，主力之所以将股价推涨到一定价格就不再继续往上做了，是因为拉升股价的成本很高，所以很多时候主力会和游资合作。同样地，洗盘时候的股价如果跌破了均线值还要继续再往下砸，也是要花费不少成本的。很多散户有一个认知误区，认为筹码不是钱。实际上，筹码也是钱，它包含了收集筹码的时间成本和未来上涨的机会成本。

其次，不破坏股价上涨的趋势。主力在拉升股价前通常已经准备了大量筹码，拉升之后洗盘的目的是清洗一些获利筹码，为后期的拉升减轻抛售筹码的压力。因此，主力洗盘的目的只是稍微震仓，重要的是保持股价上涨的趋势。一旦洗盘跌破重要支撑，趋势走坏，很多筹码会因此出局，不利于主力控盘。

最后，防止散户大量抛售。市场中的很多散户是短线投资者，心理承受能力较差，一旦股价变动，他们就立即抛售股票。主力洗盘时不破底线可以更好地稳住这些散户，避免散户大量抛售。

总之，主力洗盘的目的不是破坏股票趋势，将所有散户赶出局，而是将一些浮动筹码、获利筹码清洗出去，降低后期拉升股价的难度。

有很多人看好某只股票，觉得未来会涨，大家手里都有资金想要获得最大的利润，但是为什么只有一个主力呢？因为主力能够获得信息差，先人一步收集足够多的廉价筹码。筹码在谁手上，谁就是主力。而散户没有筹码，自然没机会进场去做这只股票的主力。因为如果我们想要吃进筹码，那必然伴随着股价的升高。例如，我们这些后进场的散户的成本是10元，原主力的成本是5元，那么很明显，我们在未来很吃亏。

10.2 兼论调整后继续上涨的充分条件

前面我们讲解了股价调整后继续上涨的必要条件，那么本节就向大家介绍股价调整后继续上涨的充分条件，即在走势图中恢复金叉，并且股价突破某条"X"均线。出现这种情况更容易让我们买到潜力股。

10.2.1 恢复金叉+股价突破某条"X"均线

想要"狙击"主力底部建仓后起涨点的充分条件很简单，只需要记住两个关键要素即可：K线行情走势图中的MACD在0轴上方恢复金叉，或者股价突破某条均线的压制。而这两点通常是借助调整末期的放量突破阳线实现的，如图10-1所示。

金叉的官方定义指的是股票行情指标的短期均线向上穿越长期均线的交叉，这一交叉现象被称为金叉。反之，行情指标的短期均线向下穿越长期均线的交叉，被称为死叉。波段买入方法应该结合多周期共振及背离，结合MACD波段可以进行顺势操作——运用金叉/死叉战法，即追涨杀跌，在多头市场时金叉买入，在空头市场时死叉卖出。

至于止损条件也非常简单明了。我们需要重点关注放量，当出现突破放量阴线后，股价跌破前低，我们就要干脆地止损离场。切记不可犹豫，否则很容易产生大的亏损。

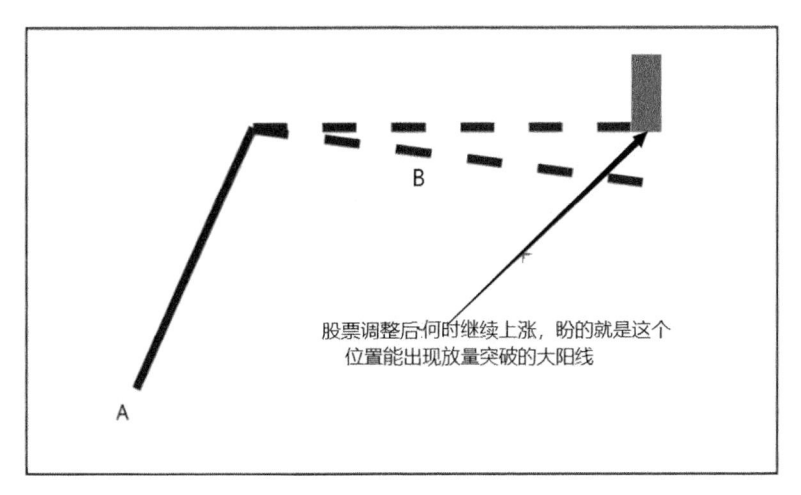

图 10-1　股票调整后继续上涨的充分条件

下面我们将借助一些股票案例来进一步阐述相关思路。

案例1：股票甲调整后实现了继续上涨

如图10-2所示，股票甲完全符合A浪急涨、B浪调整慢跌，以及调整期间股价不破关键支撑位，MACD不破0轴的必要条件。再看充分条件，放量向上突破的阳线，使MACD在0轴上方再次实现金叉。于是，股票甲调整结束后，展开了新一波上涨行情。

案例2：股票乙调整后实现了继续上涨

如图10-3所示，从整体上看，股票乙仍然符合A浪急涨、B浪调整慢跌，以及调整期间股价不破关键支撑位，MACD不破0轴的必要条件。只是相比于股票甲，股票乙的观察周期更宏观一些，这样每个阶段的细分行情比较复杂。

以B浪调整为例，从表面上看像水平调整，但其实我们仔细观察就会发

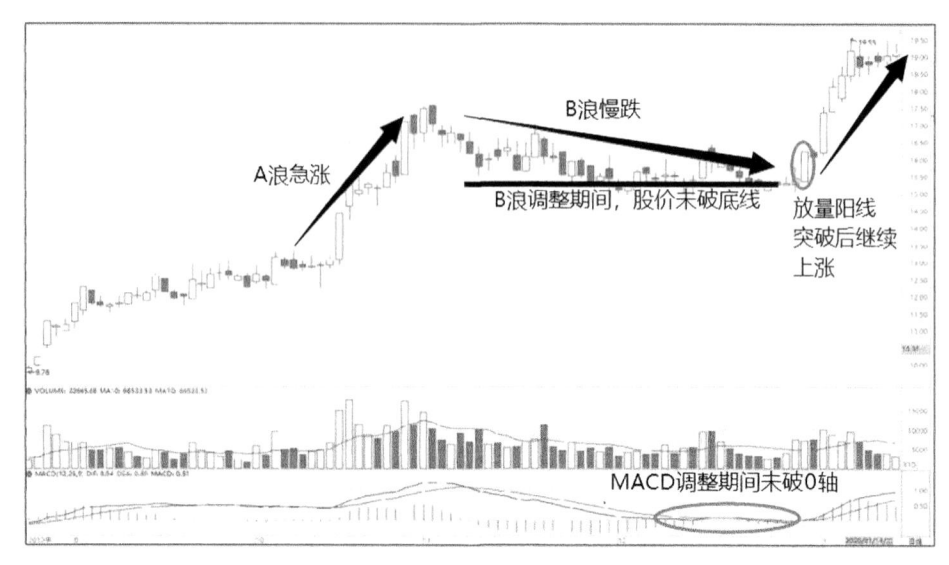

图 10-2　股票甲调整后实现继续上涨

现，在调整期间股价的波动相当剧烈。我们可以对 B 浪进行单独分析，很明显 B 浪出现了先跌再涨，然后再继续下跌的态势，只是整个过程都没有有效击穿关键支撑位而已。

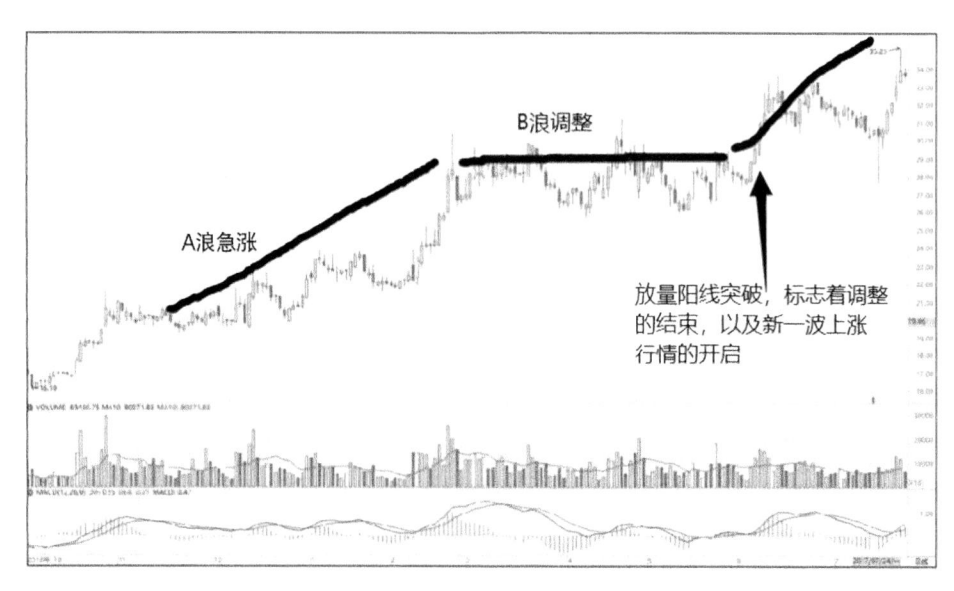

图 10-3　股票乙调整后实现了继续上涨

而在调整期结束后，放量阳线的出现突破了关键点位，新一波上涨行情正式开启，而这新一波上涨行情同样不平静，也经历了大起大落。当股票放量突破前低后，我们就要当机立断，立即离场。

案例3：股票丙调整后实现了继续上涨

如图10-4所示，从整体来看，股票丙的走势比较稳健。A浪上涨的趋势并不急促，但股价向上态势非常明显，这使接下来的B浪调整同样很稳健，几乎呈水平调整状态。而随着放量阳线的出现，新一波大幅上涨行情出现。其中值得注意的是，倍量突破阳线出现后，股价一度连续向下调整，但没有破倍量阳线的起点，后面就迎来了新一波大涨行情。

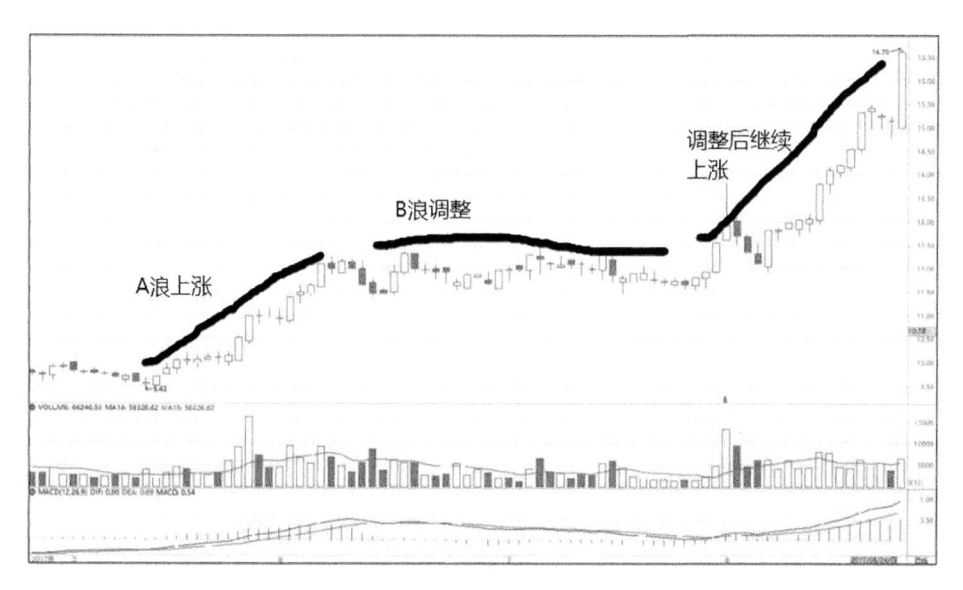

图10-4 股票丙调整后实现了继续上涨

在股票市场中，大家还是应该时刻保持清醒的止损意识，因为行情是不确定的。一旦出现危险信号，我们就要立即离场，避免承受更多损失。

10.2.2　结合案例分析调整后继续上涨的不同情况

下面通过两个案例来阐述股票调整后继续上涨的不同情况。

案例1：股票甲是否符合买入条件？

如图10-5所示，股票甲的情况与前面案例中的股票走势完全不同。严格来讲，这只股票正处于连续下跌后的反弹阶段，最后出现的那根放量突破阳线，只是昭示此时散户投资者可以进场博反弹行情，但后面能否形成A浪上涨还是一个未知数，进场的散户只能走一步看一步。这只股票的情况更像下跌之后的触底反弹，但也不能断定它会出现超跌反弹的行情，因为根据其成交量、均线等指标，它也没有出现符合超跌反弹行情的标志。所以，散户可以选择进场，但此时进场并不意味着行情就会继续稳定上涨，相反，它有可能下跌或继续震荡。

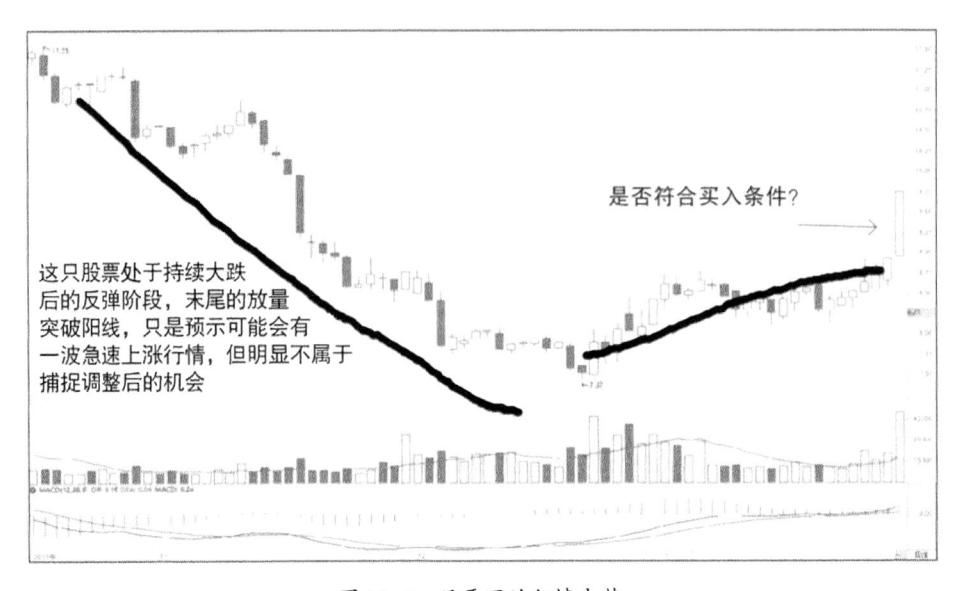

图10-5　股票甲的行情走势

案例2：股票乙是否符合买入条件呢？

如图10-6所示，股票乙是符合调整后继续买入条件的。首先，我们可以从图10-6中看出A浪急涨的特征比较明显，而B浪调整虽然倾斜明显，但股价并没有跌破关键支撑位，对应的MACD也没有下破0轴。其次，我们还可以看到随着B浪调整、放量阳线出现，支持买入的充分条件也出现了，下一步就是持股待涨。

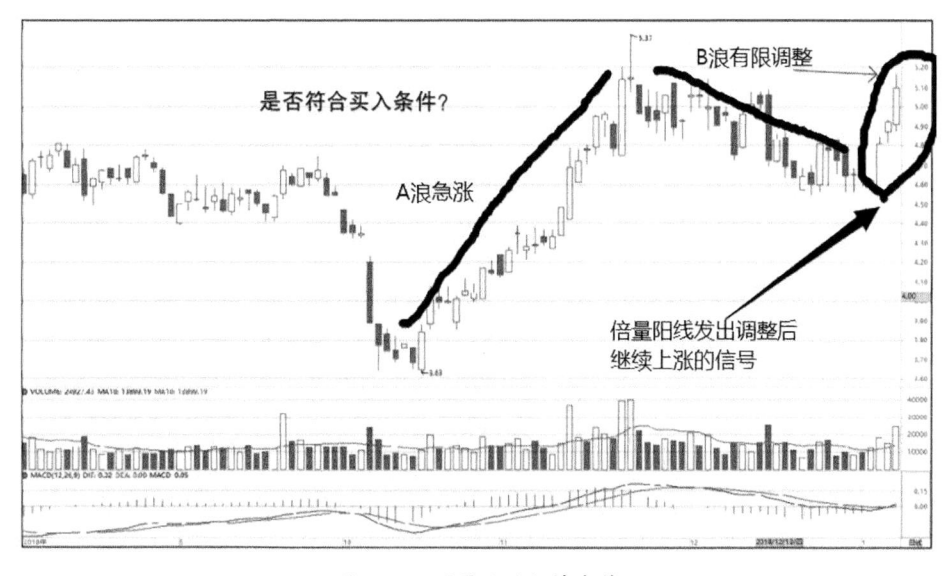

图10-6　股票乙的行情走势

如果行情突然调头向下，我们只要按照之前设定好的心理预期止损离场即可。如果担心自己不能当机立断地离场，我们可以利用一些辅助软件设置自动抛售价位。一旦达到我们所设置的最低价位，软件就会帮我们自动抛售，不会给我们留犹豫的时间。

如图10-7所示，股票乙调整后走出一波极为壮观的上涨行情。这再次昭示了一个颠扑不破的交易真理，那就是交易一定严格按系统执行。

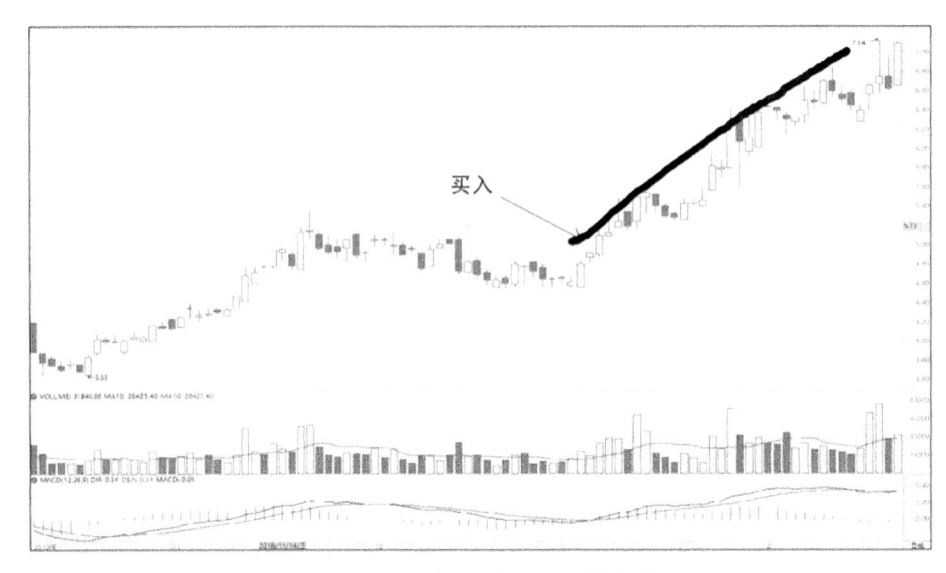

图10-7 股票乙调整后的行情走势

第11章 玩转控盘趋势股票的未来

提到炒股，总有人以巴菲特的长线价值投资为例，认为只要找只好股票，等上几十年就可以"躺赢"了。这种论调看似"高大上"，实则虚无缥缈。为什么这样说呢？因为每个国家的股市都有其特点，就连那些上百亿元的大牌公募基金都无法做到长期持股，更不要提普通散户了。

话虽如此，但是我们可以适当借鉴长期价值投资的理念。这并不是让大家真去持股几十年，因为即使你打算这样做，市场环境也未必支持。试问现在A股市场5000多只股票中，能找出500家甚至200家真正的好公司吗？显然很难。那么我们可以寻找一些基本面相对说得过去，同时是被主力高度控盘的趋势股，再结合均线交易系统，反复赚取上涨趋势中的波段收益。事实上，就是看趋势做波段。

基本思路也并不复杂，就是根据自己的操作风格，引入一套均线系统，如5日周期、10日周期、20日周期、60日周期，就可以了。在此基础上，根据大周期、小结构及共振这3项原则，就可以从容吃下长线、中线、短线各个层面的波段行情。

11.1 根据自身交易风格去选择均线组系统

均线组系统可以分为短线、中线、长线3种类型,那么这3种类型的均线组系统究竟孰优孰劣呢?这个问题没有标准答案,哪一种风格都有成功的可能,同时,哪一种风格也都无法保证一定会成功,我们只要找到适合自己的就好。鉴于大多数散户习惯短线炒股,因此,本节接下来的内容还是以5日、10日、20日和60日均线组合进行讲解,还包括若干股票分析案例。

11.1.1 短线投资者:引入一组日线级别的移动平均线组合

短线投资与长线投资相对,本质上属于一种投机行为。因此,短线投资的收益虽然不小,但是所冒风险较大,也常被人们称为投机。一般情况下,从事短线投资的投资者所投资的本金都是较为无关紧要的资金,也就是"闲钱",因此可以放心大胆一搏。

同时,对于短线投资者来说,公司业绩好坏、股息高低无关紧要,注重的主要是价位起落中是否有利可图。尽管短线投资是一种投机行为,但它极大地活跃了股市。如果股市中的所有投资者都进行长线投资,大家买了股票都坐待股息,股价就不会有多大起落,股票也就成了债券。

而短线投资交易往往只需要一两天,甚至当天买进,当天卖出,故又称"抢帽子"。短线投资者需要特别关注可能在短期内影响股价涨落的各种信息,这需要耗费很大的精力。因此,普通投资者不要将自己有用的钱或者有限的资金拿来做短线投资,一旦没有把控好,很容易将本金赔进去。需要特别提醒的是,只有在股价涨落频繁并有相当的幅度时,从事短线投资才有意义。

短线投资者可以引入一组日线级别的移动平均线组合，如5日、10日、20日和60日均线组合。引入日线级别的移动平均线组合之后，还可以配合MACD、KDJ指标对股市进行分析。在趋势行情里，价格按照均线顺序排列，操作简单、盈利空间大，MACD和KDJ背离真实的情况可以很好地抓住趋势反转的顶部和底部。

之前我们已经了解了有关MACD的知识，因此我们在这一节重点讲述KDJ。KDJ是K线的一种指标，以最高价、最低价、收盘价3个数据进行计算，得出K值、D值和J值。将不同组的K值、D值、J值画在坐标图上并进行连接，就能够形成一个完整的KDJ指标图，用以展现股价变动趋势。

KDJ指标的优势主要体现在两个方面。一方面，KDJ指标可以利用价格变动趋势反映超卖、超买现象，在价格未变动前发出买卖信号。KDJ指标能够帮助投资者快速、直观地研判行情，是短线交易的必备神器。另一方面，KDJ指标不仅以收盘价为计算依据，还以最高价和最低价为计算依据，避免只考虑收盘价而忽视股价波动幅度的重要性。

KDJ指标的区间分为3部分：20以下的超卖区，20～80的买卖平衡区，80以上的超买区。

KDJ指标的使用要点如下：

（1）在股价上涨过程中，K值高于D值，K线向上突破D线，为买入信号；在股价下跌过程中，K值低于D值，K线向下突破D线，为卖出信号。

（2）当3个指标出现金叉时，为买入信号；当3个指标出现死叉时，为卖出信号。

（3）当K值、D值、J值均大于50时，出现多头市场，后市看涨；当K值、D值、J值均小于50时，出现空头市场，后市看空。

除了注意以上要点，我们在观察KDJ指标时还需要拉长时间周期。KDJ指标十分敏感，常常过早发出买入或卖出信号，这很容易误导投资者。如果我们放大一级来分析这个信号，则能得到更准确的信息。例如，当日K线图上出现KDJ指标的低位金叉时，可以放大一级分析周K线图。如果周K线图上也出现低位金叉，就说明这个信号比较可靠。如果周K线图上显示股价下跌，那么日K线图上的金叉就不可靠。

为了应对KDJ指标给出的信号超前的问题，我们也可以分析KDJ指标的形态，找到准确的买入和卖出信号。当KDJ指标在低位呈现出W底、三重底、头肩底形态时，为买入信号；当KDJ指标在高位呈现出M头、头肩顶形态时，为卖出信号。我们可以在K线图上补充一条趋势线，在股价没有突破趋势线前，不必关注KDJ发出的买卖信号。

11.1.2　中线投资者：引入一组周线级别的移动平均线组合

中线投资，顾名思义，就是投资期限适中的投资。在我国，大部分散户投资者会选择中线投资，因为中线投资是3种投资中风险最小的，变现也比较容易，还很容易转化为长线投资。

在我们进行中线投资之前，除了对目标股票所属公司进行了解分析，还要考虑各种客观因素，如利率、汇率等对股票的影响。其中，市价盈利比率（简称市盈率）对中线投资尤为重要。如果一家公司在几个月内可能提供良好的市盈率，即该公司在几个月内可能有可观的收成，这种股票就是中线投资的最佳对象。中线投资者主要看重股票市场股价有相当幅度的频繁涨落。

中线投资者的本金大多是暂时不用的资金，而之后如果需要资金，又可以很快再兑现出市。这种投资方式相对来说风险最小，它既没有长线投资时间长且限制转让的风险，也没有短线投资较高投机性的风险，因此为多数投资者所采用。

中线投资者通常考虑引入一组周线级别的移动平均线组合，如5周、10周、20周、60周均线组合。

相较于更适合突破跟进的短线，中线需要一段时间来观察，适合在价格回档时入场。而且中线一般要持有相当长的时间，在这个过程中，我们还需要对行情走势进行分析，一旦回档后利润转为亏损，会给我们带来一定的心理压力。

除此之外，短线投资的自身属性决定了其适合重仓，长线投资更趋向于轻仓，中线投资则介于二者之间。短线投资的盈利方式是持有小仓位，利用大波段涨幅来获利；而长线投资则是持有大仓位，通过小差价来赚取收益，中线投资的盈利方式同样介于二者之间。另外，短线投资适合采用减仓法，投资者可以一次性建仓，当市场行情走势对自己不利时，通过分批平掉的方法持续减仓，而中线投资则适合采用加仓法，当市场行情走势对自己有利时，投资者便可以考虑持续增加仓位。

相对而言，短线投资追求的是胜率，而中长线投资更多的是追求盈亏比。短线投资往往是重仓，小小的操作失误可能导致较大的损失，因此当我们做短线投资时要看准时机，考虑周全。而中长线投资往往是轻仓，偶尔的操作失误影响不大，只要最终能盈利就可以了。

当然，无论做短线还是长线都与我们自身有很大关系，因此我们首先需要了解自己，再去把握市场，只有这样我们才能在股市中找到适合自己的位置。

11.1.3 长线投资者：引入一组月线级别的移动平均线组合

尽管投资类型多种多样，投资风格各有不同，但实际上大部分投资者在从事股票交易时没有自己的投资偏好和独特风格。他们的心理都是不管选择什么方法，只要能赚钱就行，这就说明他们并不了解股市背后的逻辑。许多投资者是盈利了做短线，受套了做长线，而投机行为所带来的微薄利润永远弥补不了被套的累累亏损。

在股市中，短线投资者往往更加热情，无论行情涨跌，他们时刻保持对股票行情的热情，长期处于紧张和兴奋的状态。而长线投资者的心态更加平稳，他们需要对整个交易过程进行调整、控制，需要适应交易过程中的市场波动。因此，相较于短线投资者，长线投资者往往更加理性。

当然，短线投资与长线投资这两种投资方式并无优劣之分。投资者只需要根据自己的需求、操作风格等选择适合自己的操作方法即可。在控制风险的前提下，短线投资能够积少成多，通过多次交易累积收益。而在选对股票的前提下，长线投资能通过更少的交易获得高收益。

长线投资者往往可以引入一组月线级别的移动平均线组合，如5月、10月、20月、60月均线组合。

真正有智慧的人是能够看懂自己且能洞悉股市的人。一套交易系统就是一名投资者的心血，本身就不具有普遍适用性。对于投资者来说，只有打造出自己的交易系统或者找到与自己思想上有共鸣的交易系统才能走上稳定盈利的道路。策略各有千秋，适合自己的才是王道。如果我们对盘面波动非常敏感，就可以选择短线投资。而如果短线的波动并不能让我们体会到交易的快乐，那么我们就可以选择中长线投资，就可以使用日级别以上的中长线系统进行交易。

11.2 如何捕捉高控盘趋势股票的波段行情？

前面我们介绍了3种交易风格。交易风格没有好坏之分，只要适合自己、适应当下股市的交易环境，那么它就是好的。而无论选择哪种交易风格，我们都要学会捕捉高控盘趋势股的波段行情。只有正确捕捉到了，我们才能从中盈利。否则渔网撒得再大，也终究捕不上来一条鱼。

11.2.1 大周期+小结构+共振

实际上,捕捉高控盘趋势股票的波段行情的基本理念非常明确,那就是看趋势做波段。所谓波段,指的是股价在一定时间内的高价与低价的差,高低位的盘整是多空拉锯的体现。波段操作则是利用股价的波动进行高抛低吸,以达到复利增值的效果。不像短线投资或长线投资,波段交易一般都是中线交易,也是大部分投资者的首选。

波段交易中的交易机会比较多,同时也便于投资者控制风险。但是,波段交易也存在一定的弊端,那就是投资者很有可能错过趋势中的主升浪。如果能觉察到在一定范围内波动的市场,那么投资者的目标将是在价格到达该范围最高点时卖出、在最低点时买进,简单理解就是在一定区间内高抛低吸。

进一步细分,波段交易可以概括为3点——大周期、小结构、共振。接下来就以日线级别的5日、10日、20日、60日均线组合为依托,解释这3点的具体含义,如图11-1所示。

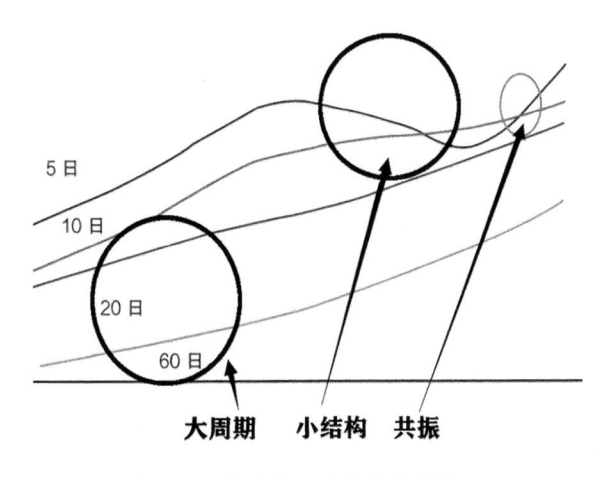

图11-1 大周期、小结构和共振

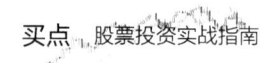

1. 大周期

在5日、10日、20日、60日构成的均线组中,当20日与60日均线形成交叉时,代表的是一个大趋势,可以称为大周期。例如,20日均线上穿60日均线形成金叉代表的就是短线意义上的上涨大周期。

2. 小结构

在20日与60日均线形成某种交叉关系后,5日与10日均线交叉关系的不断变化,代表的就是一种小结构,体现在行情上就是一段又一段的波段行情。看趋势做波段,就是这样的操作理念。

3. 共振

当我们打算介入任意一次波段行情前,务必要观察5日与10日均线的交叉方向是否和20日与60日均线的交叉方向保持一致。如果保持一致就考虑介入,反之就观望。例如,当20日与60日均线处于金叉状态,而5日与10日均线处于死叉状态时,我们必须等后者恢复金叉后再出手。

11.2.2 看趋势做波段的适用范围、启动及止损条件

在了解波段交易的相关概念后,如果想要进一步准确捕捉高控盘趋势票的波段行情,我们还要了解波段行情的适用范围、启动以及止损条件。

1. 适用范围

要求5日、10日、20日、60日均线整体呈多头排列,以确保股价运行节奏稳定、流畅,即便经历大涨后也不会有巨大的抛压释放。

2. 启动条件

5日均线下穿10日均线形成死叉后,未触碰20日均线,重新与10日均线形成金叉;或者5日均线向10日均线靠拢后,重新向上张口,形成多头排列。

3. 止损条件

启动条件出现后,如果股价很快又破前低,则要考虑止损离场。

下面我们将通过一些股票案例对以上理论内容加以阐述。

案例1：股票甲的多头排列非常完美

如图11-2所示，20日均线与60日均线金叉，奠定了股票甲的持续上涨趋势。在此基础上，每当5日均线与10日均线先死叉后恢复金叉时，往往能引发对应的波段行情，甚至可以轻松做到看趋势做波段。为什么从这只股票中捕捉波段行情那么轻松呢？因为每当5日均线死叉10日均线后，基本上还未触碰20日均线就重新金叉10日均线了，所以很快就恢复了完全多头排列形态。

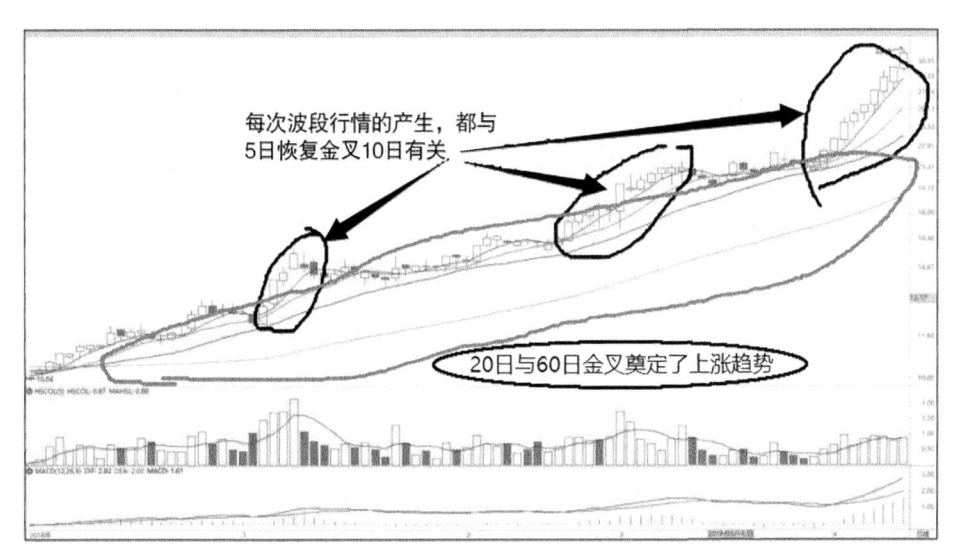

图11-2　股票甲的多头排列非常完美

案例2：股票乙的波段行情震荡过于剧烈

如图11-3所示，股票乙的波段行情震荡太剧烈了。仔细观察我们可以发现，每当其5日均线死叉10日均线后，常常会继续触碰20日均线。同时，20

日均线与60日均线又始终保持金叉状态。因此，快速大落之后往往又快速大起，所以看趋势做波段的难度就比较大。

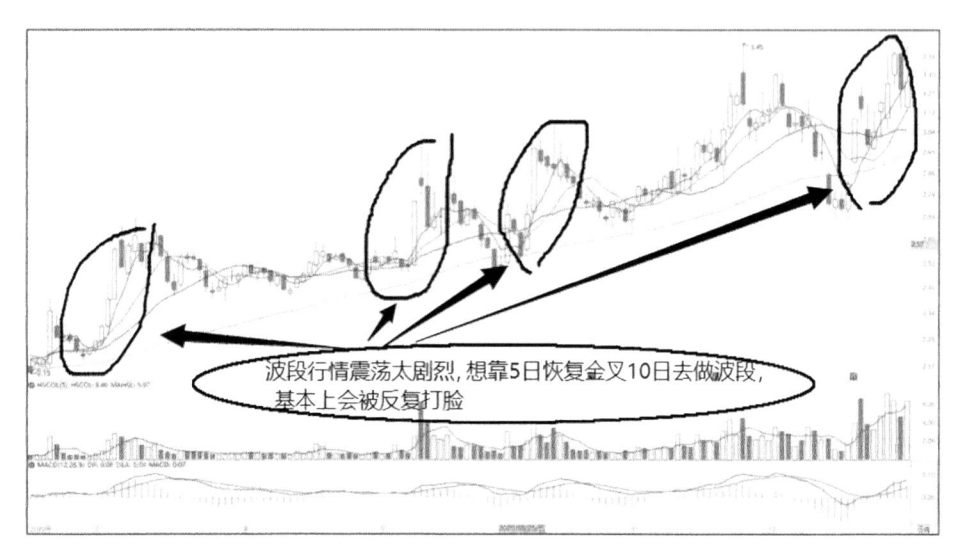

图 11-3　股票乙的波段行情震荡过于剧烈

案例3：股票丙的多头排列也非常完美

如图11-4所示，20日均线与60日均线金叉，奠定了股票丙的持续上涨趋势。在此基础上，每当5日与10日先死叉后又恢复金叉时，往往能引发比较顺畅的波段行情，看趋势做波段也比较轻松。究其原因，跟前面提到的股票甲的情况有些类似，也是每当5日均线死叉10日均线后，基本上未触碰20日线，5日均线就重新金叉10日均线了。少数时候，即使5日、10日均线下穿20日均线，但很快也能向上恢复金叉。正是因为股票丙呈现这种完美的多头排列，波段行情才会那样顺畅。

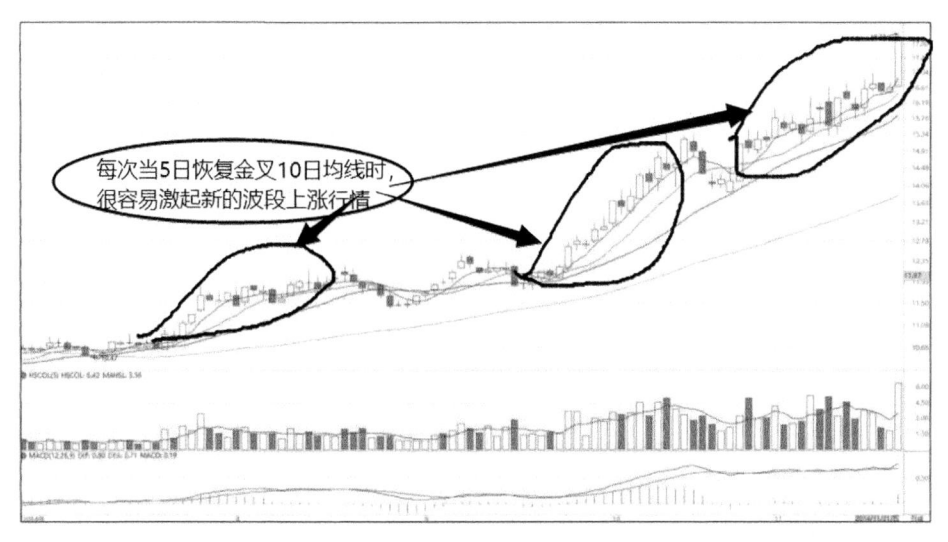

图 11-4　股票丙的多头排列也非常完美

案例4：股票丁在上涨趋势支撑下的波段行情

如图 11-5 所示，在 20 日均线持续金叉 60 日均线的情况下，上涨趋势非常明显。而随着 5 日均线恢复金叉 10 日均线，新的波段行情随之产生了。

如图 11-6 所示，随着股票丁连续两天下跌，5 日均线再次死叉 10 日均线。这时，我们很难判断主力究竟是在"筑顶"还是在上涨途中快速洗盘，只能继续耐心观察后续行情走势。

如图 11-7 所示，随着一根大阳线，以及重心向上的小阴小阳的出现，股票丁的 5 日均线再次金叉 10 日均线，重新进场做波段的机会来了。当然，进场的同时也要做好止损预案，如果接下来股价跌破大阳线前低，我们就要止损离场。

如图 11-8 所示，当 5 日均线恢复金叉 10 日均线后，新一轮波段行情由此展开，而且上涨幅度也比较可观。当然，在行情没有走出来之前，我们可以认为万事皆有可能，但有交易系统与没有交易系统截然不同。既然我们打算

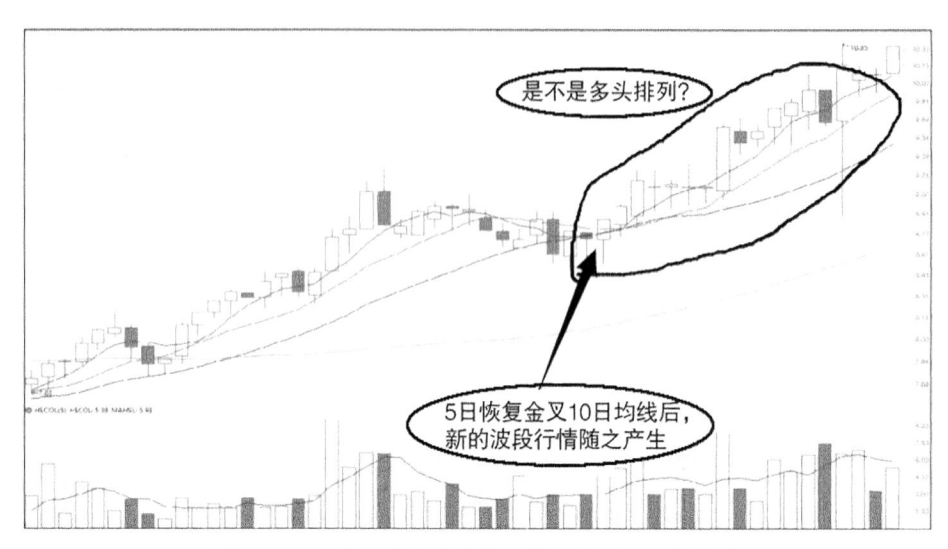

图 11-5　股票丁在上涨趋势支撑下的波段行情（1）

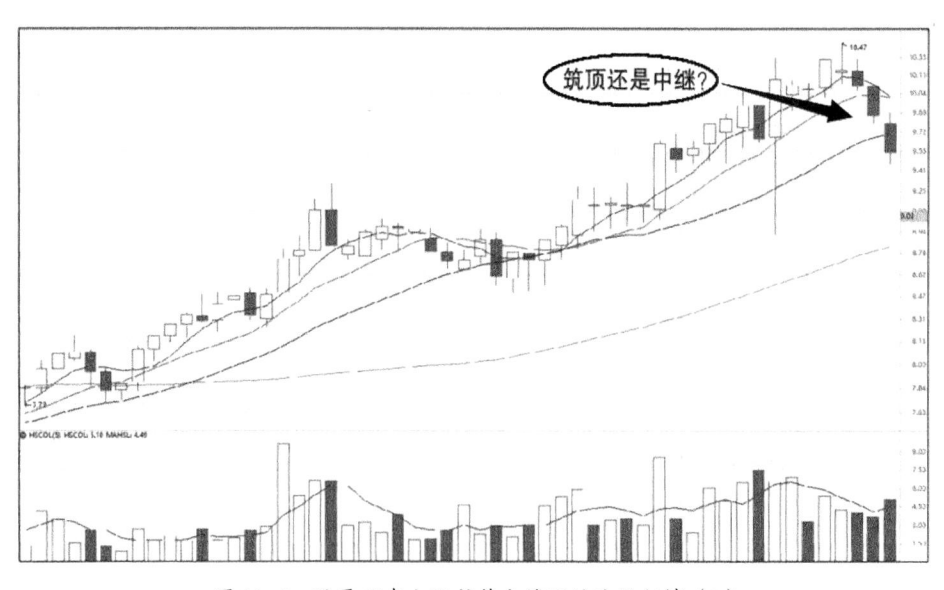

图 11-6　股票丁在上涨趋势支撑下的波段行情（2）

看趋势做波段，那么当波段行情进场信号出现后，就应该考虑上手。即便出手后因为行情调头向下被迫止损了，也必须坚持这一点，因为止损就好比一辆汽车的刹车系统，你能想象自己冒险驾驶一辆没有刹车系统的汽车吗？

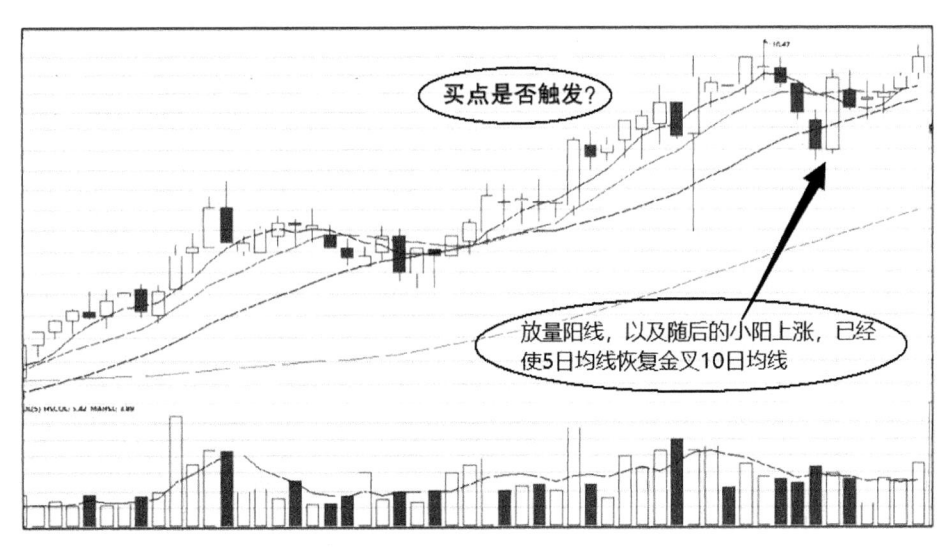

图 11-7　股票丁在上涨趋势支撑下的波段行情（3）

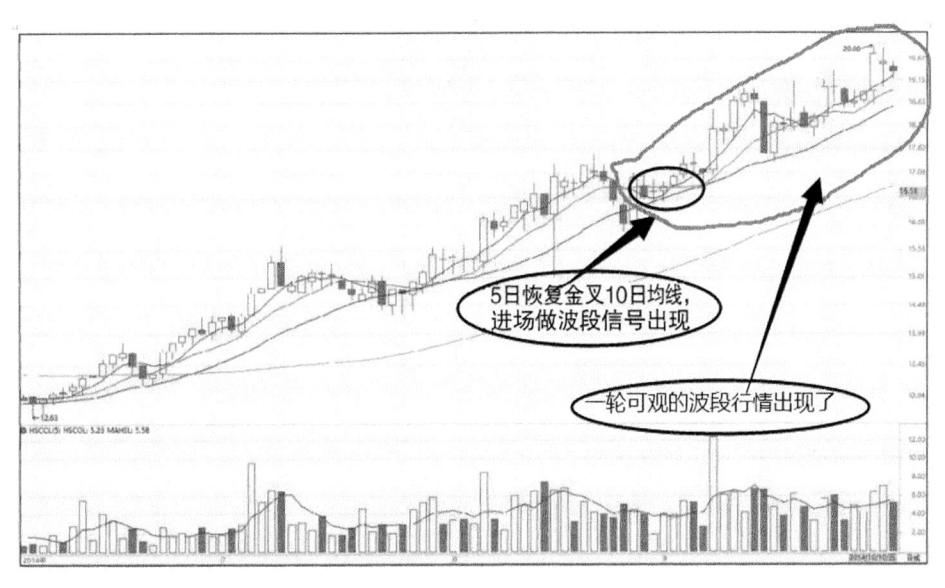

图 11-8　股票丁在上涨趋势支撑下的波段行情（4）

案例5：股票戊完美的上涨趋势催生完美的波段行情

如图 11-9 所示，股票戊的上涨趋势以及催生出的波段行情，都非常完美。一方面，自从20日均线金叉60日均线后，上涨趋势就非常稳定，股价大约以30度角平稳上行；另一方面，当5日均线对10日均线展开蜻蜓点水式下探后，一轮稳固又壮观的波段行情由此展开，及时按照进场信号操作的投资者在较短时间内能获得高额收益。

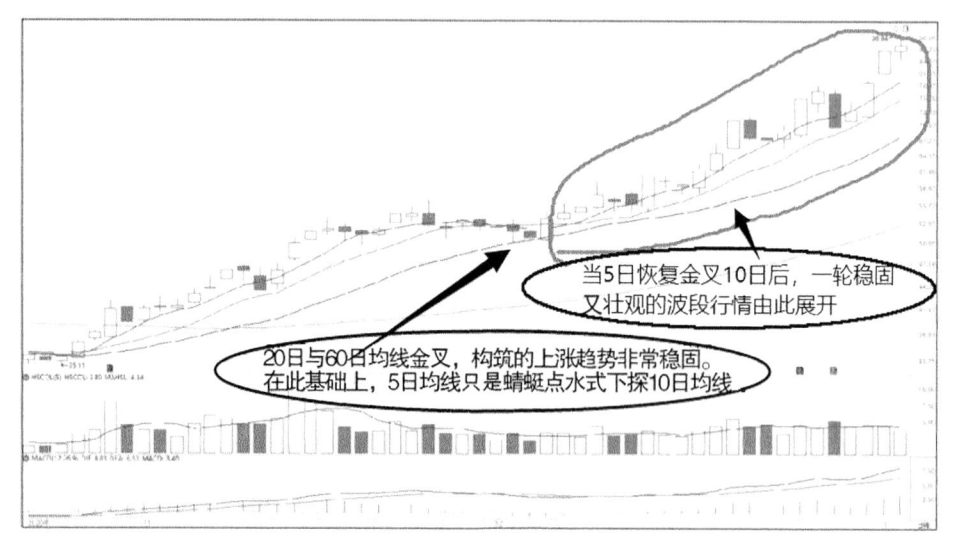

图 11-9 股票戊的波段行情

第12章　离下一轮牛市还有多远？

2015年的大牛市结束之后，很多投资者都欣喜地认为下一轮牛市即将到来。但随着时间的流逝，这份欣喜很快就成了失望，人们不断地问下一轮牛市怎么还没有来？我们究竟离下一轮牛市还有多远？这些问题的答案都不明确，我们只能做好准备，等待时机。

日出日落、花开花谢都体现着轮回，这一规律在股市中也同样适用。例如，中国石油上市时，大盘见顶；两年后，中国建筑上市，大盘再次见顶。板块之间的轮动往往有着惊人的相似之处。蓝筹股跌无可跌时，大盘便开始见底。万事万物都在变，股市也永远在变，但大道至简的道理在股市中体现得淋漓尽致，而股市中最简单和经典的规律就是轮回。

12.1　做好准备，等待时机

笔者希望借由本章，引导大家正确面对股市涨跌，在牛市中不盲目乐观，在熊市中心怀希望。我们可以从中国传统文化中汲取炒股的智慧，将股市涨跌起伏看成一种轮回，并坚信A股未来终将步入长线慢牛轨道。我们只需要做好准备，等待时机到来。

12.1.1　先做好未来3年过苦日子的准备

2018年末,网上流传着一段话:2019年将是过去10年中最差的一年,但也是未来10年中最好的一年。一晃4年时间过去了,上述预言正一步步成为现实。2022年,华为领导人任正非的一篇文章火爆全网。

2022年8月23日,华为内部论坛上线了任正非的文章《整个公司的经营方针要从追求规模转向追求利润和现金流》。这篇文章的核心内容是未来3年会比较困难,企业要把活下来作为最高纲领。任正非是中国最有影响力的企业家之一。作为全球知名企业家,任正非的话显然不是空穴来风,而是经过深思熟虑才得出的结论。

任正非在文章中提到,全球经济将面临衰退、消费能力下降的情况。华为接下来该怎么办?任正非在这篇文章中也已经说得很清楚了:一是把"活下来"作为最主要的纲领;二是边缘业务全线收缩和关闭;三是把"寒气"传递给每个人。相关数据显示,2022年上半年华为的销售收入为3016亿元,净利润率只有5%。如果连华为这种万亿元级的企业都举步维艰,其他企业的处境可想而知。

任正非还表示,华为的生命喘息期就是2023年和2024年,华为在这两年中能不能突围成功,现在还不敢肯定。从任正非的文章中,我们至少能挖掘出下列重要信息。

第一,当下全球经济不是寒冬,但在接下来的3年中,显然各行各业都会面临更严峻的挑战,就连华为这样的超大型企业都在考虑生存问题,那么对于众多小企业而言,它们又该怎样生存呢?

第二,欧美市场的通胀率居高不下,欧美市场必然选择加息,所以经济发展必然没有以前那样快。而这也会导致消费需求减少,全球经济都将进入恶性循环之中。

第三，在百年未有之变局下，贸易、金融、文化、舆论、科技等各领域相互碰撞，不可避免会产生矛盾。如果这些矛盾不能得到很好的解决，就会给矛盾方造成不小的损失。

由于以上原因，全球投资市场都将进入"寒冬"，不仅股市、债市会下行，而且银行理财、房地产等金融业态都将面临巨大的风险。

在全球货币政策都收紧的背景下，中国将继续保持相对宽松的货币政策，确保经济能够继续平稳发展。这对于我们普通投资者来说也不失为一个好消息。

12.1.2　A股的疲弱是内忧外患综合因素导致的

A股在2022年夏季出现的反弹行情是短暂的，始于4月底，到7月初就基本上"偃旗息鼓"了。后来随着国际经济形势动荡，A股由此陷入一种弱势徘徊震荡状态。

2022年8月24日，A股突然崩了。从当天盘面来看，超过4400只股票下跌，50只个股跌停，1000只个股跌幅超过5%，全天涨跌比降到8.79%，形势不容乐观。当时的基本情况是场外资金不敢入场，场内资金大幅撤出，买卖双方都束手无策。

在这种特殊时刻，任正非发表的内部文章就显得更重要。当时网上很多网友认为是任正非的内部文章导致股市大跌，这根本是无稽之谈。2022年8月24日的股市大跌是人们的草木皆兵心态所致。因此，投资者要有自己的主意，不要随波逐流。

客观地讲，导致A股萎靡不振的直接原因主要有以下几点。

第一，全球经济形势不容乐观。全球经济近两年来都处于发展迟缓的状态，中国身处全球经济市场之中，不可能置身事外。

第二，华为的内部文章本意只是希望能够督促华为的员工正视挑战，并不想被外界过多解读。但由于华为的市场地位很重要，外界过于敏感地解读了它的本意，以致人们草木皆兵，唱衰经济。实际上，那篇文章并无此意。

第三，任何利好消息都难以消除资本市场对经济下滑的恐慌。地方财政收入的减少对整个经济造成了深刻影响，如果资本市场再出现严重下滑，那么将进一步加大经济发展的压力。

12.1.3 普通投资者只有耐心等待

在下一轮牛市到来之前，普通投资者要做的只有坚定信念，耐心等待。在这个过程中，投资者可以从以下3方面修炼自身，抓住未来机遇。

1. 从未来看现在

在美国经济大萧条时期，著名的价值投资者格雷厄姆的联合股票账户严重缩水，原因就是他的操作和想法产生了矛盾。根据他的理论，市场将转跌，理应看空。但在操作上他选择做多，买入大量股票等待上涨获利，这才导致账户缩水。

与他境遇不同的是"石油大王"洛克菲勒。在经济大萧条时期，洛克菲勒趁机在石油、银行等领域扩大事业版图。等到美国从经济大萧条中恢复过来时，洛克菲勒已经建立了庞大的经济帝国。

洛克菲勒投资成功的案例表明，投资者要具有从未来看现在的眼光，以更长远的视角分析市场未来走势，从而在当下把握先机。在经济上行时，投资者不能过分乐观；在经济低迷时，也不能过度悲观。经济下行时也有一些项目值得投资，投资者要以长远的眼光来看项目的盈利潜力。

2. 在看好的领域守株待兔

投资者投资的一个真理就是，投资自己熟悉的领域。投资不能只专注于一个领域，但也不能跟风投资自己不熟悉的领域。投资者需要选择一个自己熟悉的、有上升空间的领域，等待机会到来。

如果投资者已经明确了自己熟悉的且有上升空间的领域，并且已经做出了投资选择，就不必因为短期的市场震荡、经济下行等因素而担忧，只需耐心等待，时机自然会出现。

3. 预测对，更要选准时机

股票投资家利弗莫尔在股市中探索了十几年，能够实现稳步盈利。某年，股市正火爆，他通过分析认为当时的经济环境很差，难以支撑长久的牛市，于是他开始大举做空。后来，虽然利弗莫尔预测对了趋势，但还是以失败收场。原因就是他操作的时机太早了，在市场还没有发生转折时便出手。吸取了这次的经验后，利弗莫尔下一次在等到市场发出崩溃信号后才出手，最终获得了巨额利润。

利弗莫尔的故事表明，投资者不仅要学会预测趋势，还要找准进入的时机。在漫长的等待中，投资者不能心急，即使能判断趋势也要等到市场发出信号再出手。

12.2 有没有可能出现新一轮政策性牛市？

当前，中国的改革开放正式步入了攻坚阶段。错综复杂的国内国际经济局势，决定了股市不大可能产生大行情，无论是产业数据、金融数据，还是外面的投资环境，都不存在什么启动行情的可能性。

12.2.1 解密A股历史上的3次系统性政策大牛市

回望中国股市几十年的发展，我们可以清晰地看到，A股市场经历了3次系统性政策大牛市，分别是1999年大牛市、2005年大牛市、2015年大牛市。

1. 1999 年大牛市

1999年大牛市启动的大环境是当时数十万家企业转型，导致很多人失业。所以，此次政策性牛市，一方面要解决企业的融资与脱困问题；另一方面要通过启动股市，增强人民对经济的信心。

当时股市的兴起调动了人们创业的积极性，一批互联网企业就是在这种环境下诞生的。

2. 2005 年大牛市

这次系统性政策大牛市主要解决的是股权分置改革后，企业控制架构调整以及四大行、中国石油等企业的上市融资问题。

在政策以及资本的支持下，经过股份制改革的上市企业得以在市场中流通股份，公司市值快速增长，得到了迅猛发展。同时，一些准备上市的企业借此良机顺利上市，经济市场一片繁荣。大批股民在这一时期涌入股市，开户数量持续猛增，"全民炒股"时代开启。

3. 2015 年大牛市

此次系统性政策大牛市的目的主要是提振资本市场信心。当时，股市行情惨淡，企业IPO暂停。要想重启IPO，市场必须上涨，吸引资本流入。当时也出现了资本外流的情况，而系统性政策大牛市可以保住资金、稳定汇率。

综观以上3次系统性政策大牛市，每一次都有要解决的问题，也取得了切实的成效。当下一次系统性政策大牛市到来时，站在风口上的企业势必得到更好的发展，而那时也是投资者入局的良机。

12.2.2 新一波系统性政策大牛市呼之欲出

综观历史上的每一次系统性政策大牛市，都有自己的目的，解决了当时市场发展的主要问题。2022年，全球经济下行，失业率升高，很多人不敢消费。如果此时启动一波系统性政策大牛市，可以解决以下问题。

（1）信心问题。改变人们对股市悲观的预期，增强人们对股市的信心。

（2）消费问题。股市上行，人们通过股票、基金投资能够获得收益，激发消费热情。

（3）企业转型问题。系统性政策大牛市可以提供良好的资本市场，使更多企业可以引入资金，而科研人员也可以在股市中兑现股票获得收益。这能够激发科研人员的研发热情，推动企业向高新企业转型。

（4）货币容纳问题。官方经济数据显示，2023年1月，广义货币M2（整个社会能用的资金）增幅为12.6%，社会融资规模达5.98万亿元。这些钱将流向哪里？主要配置方向就是通过融资进入快速增长的产业。

（5）资金外流问题。股市行情差往往会导致资金外流。如果股市行情较好，资金增值，则会减少资金外流。

综上所述，当前依靠政策发动一波系统性政策大牛市的条件已经具备。系统性政策大牛市可能会在2025年之前的某个时间点出现，虽然我们无法精准判断出会在2023年出现，还是在2024年出现，但这基本算是大概率事件了。在这样的趋势下，普通投资者应该思考这个问题：如果机会明天来临，自己做好迎接机会的准备了吗？

后 记

此书应该两年前就出版的,可是由于工作时间太琐碎,一直拖拖拉拉地拼凑到今天。其实想要讲很多,但为了大家更容易理解,我尽量将内容精简。

先聊聊我的故事,也可能是你们的故事。

1985年,我出生在北京。这一年,父亲开始下海经商,开了一家运输公司,从北京往全国各省份运输货物。所以我小时候可以吃到全国的特产,比如新疆的哈密瓜,山东的西瓜、海鲜等。然而,父亲的公司开了两年就倒闭了,我以前每天盼着他早点回来,期待着又能吃到什么好东西,后来再也没有了。

父亲是一名球迷,他经常和朋友在家看足球比赛。我对电视机的第一印象就是6岁那年陪他们看AC米兰对国际米兰的比赛,那是我第一次听到古利特、里杰卡尔德的名字,听着他们兴奋的呐喊,当时就觉得足球真有意思啊。而看过足球比赛的第二天,我就和父亲说:"爸,我想踢足球。"也正是这句话,改变了我接下来15年的人生。

2001年,我开始了欧洲之旅,准备开启我足球生涯的新篇章。

2003年,经过了国外3年的足球训练,我选择回国继续发展。这也是我第一次感觉到了人生的不如意,因为某种原因我不能继续再为原队效力,所以我只身一人跑到一座陌生的城市参加这座城市职业队的试训。训练了3天,在自我感觉良好的情况下,教练找到了我。他没有和我讨论技术问题,第一句话是问我是谁介绍来的。我说没有人介绍,是我自己跑来的。结果我就这样被拒绝了。

2005年,在一次很普通的队内训练中,我被踢断了胫骨和腓骨。我的足球职业生涯就此结束。

这就是我的第一段人生经历,我把儿时和青春都奉献给了足球,甚至错过了对于很多人来说重要的高考。如果你问我,假如可以重新来过,你还会选择它吗?我的答案是,人生无法重新来过,生活依旧要继续。

2005年,我有了一些积蓄,一个朋友邀请我和他一起去在北京举办的某个投资班学习。那时候的我对社会感到非常陌生,显得有些格格不入,所以非常想多学习、多吸收一些知识,于是我就跟着他去了,但是后来被骗得很惨。不过从那以后,我知道了投资是什么,投机又是什么,也学会了如何在二级市场赚取差价。

2010年,亏得很惨的我决定放弃这个行业,这辈子再也不碰股票、期货、外汇等投资交易了。但从小被灌输在大脑里的运动精神时刻提醒着我:不能就这么放弃。在看过一篇1998年香港血战索罗斯全过程的文章后,我对自己说:"不行!我要血战到底!我要做金融大鳄!"

2010年,我看过的书、读过的文字,比前15年的总和还要多。也是在这一年,我踩上了人生中第一个重要的"点",那就是欧洲债务危机。2010年11月,我选择拿出剩余的全部家当赌欧元贬值。结果我运气不错,赌对了。从此,我的长红之旅开启。

2013年,我组建了自己的交易团队。

2015年,瑞郎黑天鹅事件爆发。老天非常眷顾我,美元兑瑞郎瞬间暴跌了3000点,这一年的收益高达535.64%。

2016年,我和合作伙伴创办了第一家公司。本来以为我这辈子都无法超越2015年的业绩,然而只过了一年时间,不仅我自己,我们所有投资客户的年化收益都超过了10倍!

2020年，在各大媒体炒得沸沸扬扬的原油宝事件中，公司所有投资客户，包括我自己，在期货市场中的投资金额在2小时内翻了20倍。

近些年，在投资的世界里我仿佛踩对了很多个"点"。我买过暴风影音的股票，也买过贵州茅台的股票。虽然2011年的房地产行情我没有赶上，后来的互联网时代也没有赶上，但对于投资市场，我确实是无比敏锐。房地产和互联网都是机遇，都是窗口期，赶上的也就只有极少数人。

而下一个窗口期又在哪里呢？我相信一定是金融行业。因为大资本都在金融圈，我们国家未来发展的战略方向也和金融密不可分。展望不久的未来，中国一定会成为全球最大的经济、金融中心。金融强则国家强。我们有幸生在盛世之华夏，因此，我们要紧紧抓住下一个国家发展红利，下一个机遇期、窗口期。

很多人问我为什么要写这本书，他们认为我现在过得很舒服，我的投资方式和理念分享出去后会不会给自己带来麻烦？当然会，但我并不后悔。

我再讲一个故事吧。小明（化名）命特别好，从进入金融市场就有"大师"领路，一路披荆斩棘，顺风顺水，很快就实现了个人资产上亿元的目标，公司掌管资金也超过百亿元。小明已经足够有钱，足够有实力了。在股灾发生前，小明每天的个人收益达百万元，客户总收益达千万元。

然而小明不满足于现状，想一天赚1亿元。在二级市场这个资产再分配场所中，一切皆有可能。小明选择再配资，再加杠杆，1∶10不够，就1∶20继续加，无限地加。如果把股市比作金字塔，那么金字塔塔尖代表着实际资金，而下面的地基部分代表的就是杠杆泡沫资金。为什么这么说呢？因为配资加杠杆的那些钱是不能亏损的，当全市场都加了高杠杆时，大盘稍有回调，那些逐利的资本就会选择把资金抽出。当金字塔只剩下塔尖的时候，它会不会塌方呢？答案是肯定的。

这一战小明"塌方"了，全市场都"塌方"了，价格也回归了理性，回到了应有的水平。而小明从日赚千万元变成了负债上亿元的"罪人"。这是什么问题导致的呢？爬得越高就摔得越狠，小明曾经站到了塔尖，可突如其来的变故让他伤痕累累，最终无法面对残酷现实的小明选择了自我解脱。

这是一件真事，小明是从小和我一起长大的朋友。他离开后，他的父母整日以泪洗面。事情过去很多年了，我也一直在照顾他们。

这件事给了我很大触动。我写本书的目的是让更多的人有正确的投资价值观，因为投资本身就是一个风险很高的行业。建议您在读本书的同时，把相关经验记录下来。我衷心地希望我的经验、方法可以帮助您实现盈利。

王冬伟
2024年1月于北京

免责声明

本人提供的投资信息仅为一般性市场分析,仅用于投资者教育目的,不构成任何投资建议。投资者根据本人提供的信息进行投资决策,应对自己的投资风险负责。